本书获兰州大学人文社会科学类高水平著作出版经费、甘肃省软科学专项青年项目（23JRZA391）、中央高校基本科研业务费专项资金项目（2023lzujbkydx002）资助

杨小娟　季培楠　著

# 个体投资者判断与决策

## 基于社交媒体环境的视角

# INDIVIDUAL INVESTORS' JUDGMENT AND DECISION-MAKING

## A PERSPECTIVE BASED ON THE SOCIAL MEDIA

社会科学文献出版社
SOCIAL SCIENCES ACADEMIC PRESS (CHINA)

# 引　言

2013年4月，美国证券交易委员会（SEC，2013）首次批准公司将社交媒体作为发布和讨论财务信息的平台，随后，越来越多的公司和CEO通过社交媒体平台发布信息，社交媒体逐渐成为公司与投资者进行互动和信息交流的沟通平台。实践中，由于网络的开放性，社交媒体评论区的发言权属于公众，但控制权属于信息发布者，信息发布者（公司）可以对评论区评论进行折叠处理。例如：在抖音直播过程中，发布者可以对评论进行折叠处理，以控制公众能够看到的评论内容；在淘宝评论区也会出现评论折叠的情况，并会出现提示性信息以表明部分评论被折叠。另外一种评论折叠方式为社交媒体内置的评论折叠功能，例如，在微博平台上，过多的评论会自动触发微博评论折叠功能，此时评论将以评论数据统计的方式展示，点击评论数据才可以查看具体的评论内容。在实践中可发现，被发布者折叠的评论具有异质性。具体来说，一些被折叠的评论信息的确与信息发布者发布的信息不相关，但是一些相关评论也可能会被折叠。在社交媒体平台上的沟通交流涉及传播学和心理学内容，而社交媒体评论性质的影响效应则主要涉及语用学理论，本书以传播学的人际欺骗理论、心理学的认知反应理论和三维归因理论等相关理论为基础，采用实验研究方法，分析并检验了信息发布者在社交媒体平台上的评论折叠行为与评论性质对投资者投资判断的影响。

本书共分为九章，具体内容包括：第一章是绪论，详细叙述本书的研究背景，并在此基础上提出研究问题并阐释研究意义，在这部分中，同时说明了研究框架、研究方法、研究创新，并对研究中涉及的主要概念进行了界定；第二章为文献回顾，对社交媒体和语言特征领域的相关文献进行了梳理和述评；第三章包括理论分析和研究假设两部分内容，介绍了传播学的人际欺骗理论、心理学的认知反应理论和三维归因理论等相关理论，并基于人际欺骗理论、认知反应理论、三维归因理论等相关理论分析评论折叠行为与评论性质对投资者投资判断产生的影响，并提出相应的研究假设；第四章为实验设计，介绍实验设计、实验选用的研究对象、实验任务和实验过程，同时介绍了对变量的操控和测量；第五章和第六章列示不同情况的实验结果分析，检验假设并进行附加分析；第七章进行其他影响路径的分析；第八章为本书的研究结论与讨论，概括本书的研究结论，叙述研究启示；第九章指出了本研究的局限性，并提出未来研究的可能方向。

本书主要的研究结论包括以下方面。

（1）根据人际欺骗理论，信息发布者在社交媒体平台上进行评论折叠会对投资者的投资判断产生影响，具体而言，信息发布者在进行评论折叠时，通过对信息进行再加工，传递信息发布者试图利用发布者优势对评论进行筛选和控制的意图，会降低投资者感知到的信息发布者的坦率性和可信性，并最终降低投资者的投资意愿，这种影响可能是未被发布者预期的；根据心理学的认知反应理论，评论性质会对投资者的投资判断产生影响。在评论信息采用不相关的评论和评论信息采用相关的评论两种情况下，投资者做出的投资判断会存在差异。除此之外，我们分析认为，评论折叠行为与评论性质会共同影响投资者的投资判断。当评论信息采用不相关的评论时，投资者观察到不相关的评论信息但是并不处理这部分信息，在投资判断过程中也不会使用这部分信息，即投资者会表现出对评论信息的拒绝，投资者基于心理认知反应产生的信息拒绝与信息发布者的评论折叠行为产生的效果一致，此时，投资者的投资判断在评论折叠和评论不折叠两种情况下可能没有差别；当评论信息采用相关的评论时，投资者不会在心理上拒绝评论信息，评论折叠行为会影响投资者的投资判断。

（2）实验结果表明，相比评论不折叠，在评论折叠的情况下，投资者的投资意愿会降低；相对于评论信息采用不相关的评论，在评论信息采用相关评论的情况下，投资者的投资意愿会降低。

（3）中介分析效应表明，当评论信息采用相关的评论时，评论折叠行为对投资者的投资判断的影响，先后为投资者感知的信息发布者的坦率性和投资者感知的信息发布者的可信性所中介。

# 目 录

# 第一章　绪论

本书拟采用实验研究方法检验信息发布者在社交媒体平台上的评论折叠行为与评论性质如何共同影响投资者的投资判断，对信息发布者和投资者使用社交媒体平台进行沟通交流和信息共享、监管者和准则制定者监管社交媒体平台信息披露具有一定的借鉴意义。

随着科学技术的进步与发展，越来越多的公司、投资者使用社交媒体平台作为信息分享和互动交流的新渠道。被广泛使用的社交媒体平台包括微信、微博、东方财富网股吧、YouTube、Seeking Alpha、Facebook、Linkedin、Estimize 等，其他具有交互性质的社交媒体平台包括抖音、淘宝等。其中，A 股上市公司倾向于通过建立微博官方账户来不定时发布公司信息，投资者也会在微博中进行评论；国外为公司所最广泛使用的社交媒体平台则是 Twitter。实践中发现，并非所有的评论信息都以展开的形式列示，部分评论以折叠的方式列示，例如抖音直播平台的发布者评论折叠与微博平台的评论折叠功能。评论折叠功能的开发意味着公司不仅可以利用社交媒体平台发布公司相关信息，也可以通过评论折叠功能，对投资者发布的评论信息进行折叠处理。实践中，被折叠的评论内容也存在异质性。通过对社交媒体平台上被折叠的评论的性质进行分析，我们发现一些评论被折叠是因为评论内容与主题不相关，而另一些被折叠的评论采用了得体、相关的语言来阐释观点，即评论与主题相关。公司在社交媒体平台上的评论折叠行为是否会对投资者的投资判断产生影响，评论折叠行为对投资者投资判断的影响是否因评论性质的不同而不同？探讨这些问题对理解社交媒体如何影响投资者投资判断具有重要意义。本书拟通过实验研究方法，探讨和分析公司在社交媒体平台上的评论折叠行为和评论性质是否会对投资者产生影响，如果有影响，影响路径为何？对评论折叠行为的考察，能够帮助人们更深入地了解社交媒体对投资者投资决策的影响，同时也对公司使用社交媒体平台和监管层建立社交媒体平台信息披露行为准则和行为规范具有重要的现实意义。

## 第一节　研究背景、研究问题及研究意义

### 一　研究背景概述

#### （一）社交媒体信息披露的兴起

长期以来，投资者依赖传统媒介（例如中国证监会指定披露上市公司信息的报纸）获得有关公司股票未来前景的信息。2007 年 11 月，国外已经有上市公司开始使用 Facebook 与个体投资者进行互动交流，个体投资者也越来越多地将社交媒体平台作为新的信息

来源。2013 年 4 月，美国证券交易委员会（SEC，2013）批准公司使用社交媒体平台发布和讨论财务信息；2014 年 4 月，SEC 在一《合规与披露解释》（Compliance and Disclosure Interpretations，CDIs）中指出，初创公司可以在 Twitter 上发布有关股票或证券发行的信息。有研究表明，在 SEC 准许公司利用社交媒体平台进行信息沟通交流之后，2016 年，《财富》世界 500 强排行榜企业的 CEO 中，40%的 CEO 至少在一个社交媒体网站上发布个人信息，而在 2012 年，该比例仅为 2%（Elliott，Grant，and Hodge，2018）；Jung 等（2018）指出，在 S&P1500 公司中，有将近一半的公司拥有 Twitter 或者 Facebook 账号。与国外公司普遍使用 Twitter 相类似，国内 A 股上市公司普遍使用微博作为信息披露的平台。虽然目前中国证监会并没有出台相关法律法规将微博纳入《具备证券市场信息披露条件的媒体名单》，但是在实践中越来越多的公司通过微博发布信息并借助微博与投资者进行沟通交流（陈伟、冷芳来，2023；吴芃、陈依旋、顾燚炀，2022；蒋洪平、于博，2024；陈小运、陈娟、黄婉，2023）。作为国内领先的社交媒体平台，微博提供了可靠、开放的环境供用户发布、共享、评论信息。据中国上市公司舆情中心发布的《2012 年 A 股上市公司官方微博使用情况报告》，2012 年末，上市公司中使用新浪微博的比例为 17%。何贤杰等（2016）通过统计分析指出，69%的公司微博信息涉及公司经营内容。而吴芃、陈依旋、顾燚炀（2022）统计，截至 2020 年 12 月，我国沪深两市 A 股上市公司中开通经认证官方微博账号的公司占比提升至 24.40%，社交媒体逐渐成为公司与投资者进行信息交流和互动的重要平台。社交媒体在信息披露领域的广泛应用意味着其拓宽了上市公司信息传递的渠道，为相关研究提供了新的环境。

已有研究发现，社交媒体平台是传统媒体平台的补充，能够降低信息不对称性，同时能够帮助投资者更好地预测股票回报，发挥价格发现的作用（Blankespoor，Miller，and White，2014；Liew，Guo，and Zhang，2017；Jame et al.，2016；Chen et al.，2014）。由此可见，社交媒体平台信息披露行为在投资者投资决策中起到重要作用，有必要深入探讨社交媒体对投资者投资判断的具体影响。

## （二）社交媒体信息披露的现状

国外普遍使用的社交媒体平台包括 Twitter、YouTube、Seeking Alpha、Facebook、Linkedin、Estimize 等，其中，Twitter 和 Facebook 是公司最常使用的两大社交媒体平台（Jung et al.，2018）。在国内，上市公司普遍使用的社交媒体平台包括微博、微信、股吧等。深圳证券交易所在《2017 年个人投资者状况调查报告》中指出，47.6%的个人投资者通过手机上的网络类媒体获取信息，42.0%的个人投资者通过电脑上的网络类媒体获取信息，社交媒体成为投资者获取信息的重要渠道。上市公司通过微博披露与公司经营、财务报告相关的信息，例如分众传媒（股票代码：002027）于 2011 年首次在微博上发布有关公司财务报告信息的具体内容，此后不定期会在微博上发布与其经营、行业状况、子公司经营等有关的信息；碧水源（股票代码：300070）会在微博上不定期更新有关公司技术创新的信息内容；五粮液（股票代码：000858）会在其官方微博中更新公司会议、投资者沟通交流、年报总结等信息。目前，中国证监会尚没有将微博纳入《具备证券市场信息披露条件的媒体名单》，但是中国证监会要求上市公司在利用社交媒体发布相关信息时，需要遵守证券法律法规的相关要求。具体来讲，《中华人民共和国证券法》《上市公司信息披露管理办法》对社交媒体信息发布行为的规定以禁止性规定为主，主要包括以下三项：第一，信息披露义务人在公司网站及其他媒体发布信息的时间不得先于指定媒体，不得以新闻发布或者答记者问等任何形式替代应当履行的报告、公告义务；第二，在内幕信息依法披露前，任何知情人不得公开或者泄露该信息；第三，各种传播媒介传播证券市场信息应当保证真实、客观，禁止误导。值得一提的是，目前不论是国内还是国外，都没有形成完整的专门针对社交媒体信息披露的行为规范体系，公司在选择社交媒体类型、信息披露时间和内容、信息处理方式等方面具有较强的随意性。

### （三）社交媒体平台的评论折叠功能

社交媒体的评论折叠功能可以分为两种：一种是社交媒体固有的评论折叠，这种评论折叠是系统内置的，当评论过多时便会出现评论折叠，以精简社交媒体界面，此时，过多的评论以被折叠评论数据统计的方式列示在信息发布者发布的信息之下，阅读者可以选择点击被折叠评论的数据统计信息查看被折叠的评论，或者忽略被折叠评论的数据统计信息，不查看被折叠的评论；另一种是发布者主动进行评论折叠，此时，发布者对信息进行筛选，并选择部分或全部的评论信息进行折叠，其主要目的不在于精简社交媒体界面，而在于进行信息筛选，以控制阅读者可以看到的信息。

## 二 研究问题的提出

发布者使用评论折叠功能将会影响投资者所看见的社交媒体信息内容。社交媒体平台推出评论折叠功能的最初目的在于简化社交媒体界面、更好地呈现信息、缓解阅读者的信息处理压力和维护良好的问答讨论氛围。实践中我们发现，被折叠的评论信息具有多样性，不仅一些不相关的评论信息会被折叠，一些旨在表达自己观点的评论信息也会被折叠。由于被折叠信息的性质存在差异，投资者可能会对不同情况下的评论折叠行为做出不同的反应。社交媒体中的评论折叠行为与评论性质是否会共同影响投资者的投资判断？如果这种影响存在，其影响路径是什么？这些都是涉及社交媒体信息披露的重要问题，当前的研究还没有涉及。

根据上述对研究背景的分析和阐释，本书提出以下研究问题。

（1）社交媒体上的评论折叠行为，即信息发布者的评论折叠行为是否会影响投资者的投资判断？

（2）社交媒体评论的性质是否会影响投资者的投资判断？

（3）评论折叠行为与评论性质如何共同影响投资者的投资判断？

（4）评论折叠行为与评论性质共同影响投资者投资判断的具体路径为何，即探索评论折叠行为和评论性质两个因素影响投资者投资判断的中间具体过程。

## 三 研究意义

本书采用实验研究方法，探讨和分析信息发布者在社交媒体平台上的评论折叠行为、评论性质对投资者的投资判断的影响，具有一定的理论意义和实践意义。

### （一）理论意义

第一，本书补充了社交媒体平台信息披露影响投资者投资判断的一个新的影响因素。本书检验了一个新的因素，即信息发布者在社交媒体平台上的评论折叠行为对投资者投资判断的影响。社交媒体平台具有开放性，凡是能够接触到互联网的人群均可以在社交媒体平台上进行评论，评论折叠功能给予了信息发布者对评论信息的控制权，信息发布者可以利用评论折叠功能过滤部分不当内容，与此同时，由于评论折叠功能在使用过程中缺乏第三方监督和控制，信息发布者也可以通过评论折叠功能筛选和隐藏不愿意让投资者看到的信息，此时评论折叠行为很可能会被认为是一种信息加工处理和控制行为，影响投资者感知到的信息发布者的坦率性和可信性，并最终影响投资者的判断和决策。目前针对社交媒体的研究，主要关注原始信息特征对投资者投资判断的影响，如原始信息发布方式对投资者投资判断的影响（Brown，Elliott，and Grant，2018），甚少从行为和人际沟通角度考虑信息发布者对投资者投资判断的影响。本书考虑了信息发布者评论折叠行为对投资者投资判断的影响，实际上是从信息发布者对信息控制的角度考虑社交媒体平台上信息发布者行为对投资者投资判断的影响，能够为后续社交媒体平台的相关研究提供新的思路。

第二，补充了关于语言特征影响投资者投资判断的研究。本书检验了社交媒体评论的性质，即评论信息是否与主题相关对投资者判断与决策的影响。以往针对语言特征影响的研究，甚少从语用学角度考虑相关特征对投资者投资判断的影响。我们发现在实践中，信息发布者除了折叠不相关的评论信息之外，也存在折叠相关评论信息的现象，评论信息的语言特征也可能会影响投资者的投资判断，这也正是本书关注的重点之一。

第三，补充了针对评论内容影响投资者投资判断的研究。以往针对社交媒体的研究将公司作为信息发布者，将投资者作为信息接收者，主要考察公司发布的信息内容对投资者投资判断的影响，因此相关研究主要关注的对象是信息内容特征，并不关注公司的具体行为。社交媒体与传统媒体的重大区别之一在于社交媒体具有互动性，具体表现为信息发布者发布信息后，阅读者可以通过发表评论的方式做出回应。本书拓展了社交媒体的相关研究，从人际沟通角度考察公司和投资者的互动行为，将公司的角色定位为信息控制者而不是信息发布者，将投资者的角色定位为行为评价者而不是信息接收者，将研究对象从公司发布的信息拓展至公司行为，考察公司的评论折叠行为和评论性质对投资者投资判断的影响，能够丰富关于社交媒体的研究。

### （二）实践意义

本书对公司管理者、投资者以及监管者具有一定的启示。对于公司管理者而言，社交媒体平台信息来源的广泛性和开放性决定了公司管理层失去了对社交媒体平台信息的完全控制权，评论折叠功能能够弥补公司在信息控制方面的劣势，例如公司可以利用评论折叠功能折叠虚假、恶意诽谤的信息。与此同时，公司管理层应当关注评论折叠的弊端。例如，折叠相关的负面评论可能导致出现更低的投资意愿。本书的结论可以提高公司管理层对评论折叠行为的认知，使其了解在评论折叠的过程中，过度使用信息控制权会带来负面影响。因此，公司管理者应尽可能做到谨慎、公正，避免将不应被折叠的信息进行折叠，避免对公司造成负面影响。

对于投资者而言，本书可以让投资者清楚、全面地认识到评论折叠功能带来的影响。虽然存在公司滥用评论折叠功能的可能性，但是公司在社交媒体平台上的评论折叠行为有其实施的合理性。在考虑维护社交媒体平台信息披露环境、保证良好问答讨论氛围的情况下，公司折叠不相关的评论是合理的。投资者更应该关注公司管理层对评论折叠功能的滥用，并在投资决策过程中恰当评价公司的评论折叠行为。

对于监管者而言，本书拟提供在社交媒体平台上，公司行使信息控制权会影响投资者投资判断的证据，即公司的评论折叠行为会对投资者的投资判断产生影响。SEC 允许公司在社交媒体平台上披露信息，但是目前并没有完善的准则体系规范社交媒体平台上的信息披露行为。监管者不仅应当关注社交媒体平台上发布的信息内容本身，还应当关注公司在社交媒体平台上的评论折叠行为。本书的结论对建立规范社交媒体平台信息披露制度体系具有实践意义。

## 第二节　研究框架、研究方法及研究创新

### 一　研究框架概述

#### （一）研究的基本思路

本书采用实验研究方法，研究了公司在社交媒体平台上的评论折叠行为、评论性质对投资者投资判断的影响。研究的基本思路如下：第一，结合社交媒体平台信息披露实践的研究背景，提出本书的研究问题以及研究的理论意义与实践意义；第二，梳理社交媒体平台、语言特征的相关文献，对当前的研究现状以及潜在的研究可能做出分析与讨论；第三，基于传播学的人际欺骗理论、心理学的认知反应理论和三维归因理论等相关理论，分析公司在社交媒体平台上的评论折叠行为、评论性质以及两者共同对投资者的投资判断所产生的影响，同时分析社交媒体平台上的评论折叠行为与评论性质共同影响投资者投资判断的内在机理，并提出相应假设；第四，阐述本书的实验设计以及实验任务等；第五，对实验数据进行处理与分析，对提出的假设进行验证，并进行附加检验分析；第六，阐述本书的研究结论与启示、研究的局限性以及后续可能的研究方向。

#### （二）研究框架

本书各章节内容概述如下。

第一章，绪论。结合社交媒体信息披露的兴起、现状等相关背景，提出研究问题，论述研究的理论意义和实践意义，并介绍本书的研究框架、研究方法以及研究创新。

第二章，文献回顾。首先，回顾有关社交媒体的研究，主要从社交媒体信息披露对资本市场、投资者、审计师和管理层的影响四个方面进行文献回顾；其次，对与语言特征相关的研究进行梳理，主要从内容性语言对投资者的影响和功能性语言对投资者的影响两方面展开；最后，基于对前述两方面内容相关文献的梳理和述评，指出当前研究的不足，提出本书的研究问题。

第三章，理论分析与研究假设。首先，论述了与本书研究问题相关的理论基础，包括传播学的人际欺骗理论、心理学的认知反应理论和三维归因理论等相关理论。其次，根据人际欺骗理论分析公司在社交媒体平台上的评论折叠行为对投资者投资判断的影响，并提出假设。再次，根据认知反应理论，分析评论性质对投资者投资判断的影响。最后，基于以上理论，分析公司在社交媒体平台上的评论折叠行为与评论性质对投资者投资判断的共同影响，并提出假设。在理论分析和假设提出的过程中，我们也分析了公司在社交媒体平台上的评论折叠行为与评论性质对投资者投资判断的共同影响的中间路径，并提出假设。

第四章，实验设计。首先，介绍了本书的实验设计，本书采用 3×2 的被试间实验设计，并对被试的选择进行了介绍；其次，阐述具体的实验过程；最后，介绍本书的自变量、因变量以及中介变量。

第五章，实验结果以及数据分析。首先，介绍参加实验的被试的人口统计信息并进行随机化检验，对自变量进行操控性检验。其次，分析并检验公司在社交媒体平台上的评论折叠行为对投资者投资判断的影响，评论性质对投资者投资判断的影响，公司在社交媒体平台上的评论折叠行为与评论性质对投资者投资判断的共同影响，以及公司在社交媒体平台上的评论折叠行为与评论性质对投资者投资判断的共同影响的中介效应。

第六章，在第五章实验结果与数据分析的基础上，对进行因变量替换后的实验结果进行分析。第六章的内容是对第五章内容的进一步延伸与补充，目的是进行附加检验分析，以增强研究结论的稳健性。

第七章，在第五章和第六章实验数据分析结果的基础上，进一步对评论折叠影响个体投资者判断与决策的其他中介路径进行分析检验，目的是强化有关中介路径分析结果的稳健性。

第八章，研究结论。首先，归纳本书的研究结论；其次，讨论本书研究的理论意义和对实践产生的影响。

第九章，指出本书研究的局限性与未来的研究方向。

## 二　实验研究方法概述

本书拟采用理论分析与实验研究相结合的研究方法。实验研究法是指根据研究的需要，操控一个或多个自变量，控制其他潜在变量，进而观察自变量对因变量的影响，以此来检验自变量和因变量之间的因果关系的一种科学研究方法（Kerlinger，1973）。具体来说，本书采用传播学的人际欺骗理论、心理学的认知反应理论和三维归因理论，运用实验研究方法，对公司在社交媒体平台上的评论折叠行为和评论性质两个自变量进行操控，研究公司在社交媒体平台上的评论折叠行为与评论性质对投资者投资判断的影响。本书之所以采用实验研究方法，主要有以下几点原因。

首先，实验研究方法可以通过周密严格的实验设计，对现实情境进行高度提炼，操控所要研究的自变量，同时通过随机化有效地控制其他因素，对自变量和因变量之间的因果关系进行更加干净地检验（张继勋，2008）。就本书的研究来看，公司在社交媒体平台上的评论折叠行为内嵌于公司在社交媒体平台上发布的信息中，不易被量化研究。与此同时，不同发布者发布的社交媒体平台信息存在多样性，发布者不同，发布者在不同时间发布的信息也不同，这会带来信息不一致问题，实验研究方法可以通过控制其他信息，保持信息一致性，在相对干净的环境下直接检验公司在社交媒体平台上的评论折叠行为与投资者投资判断之间的因果关系。本书在实验设计中，保证了信息发布者发布信息和评论信息的其他特征的一致性，操控公司在社交媒体平台上的评论折叠行为，其余列示信息全部一致，最大限度地保持了信息的一致性。

其次，传统档案研究必须基于大样本实证，数据必须是公开的、可以获得的，在无法获得大样本档案数据时，实验研究方法可以解决数据有限这一问题。在本书中，由于社交媒体平台中评论折叠行为不易被量化处理，传统的档案研究方法在验证公司在社交媒体平台上的评论折叠行为与投资者投资判断之间的因果关系时存在局限性，同时，在验证公司在社交媒体平台上的评论折叠行为与评论性质共同对投资者的投资判断产生影响时也存在局限性。

最后，实验研究方法可以通过测量中介变量，研究个体投资者的判断与决策过程。本书主要研究公司在社交媒体平台上的评论折叠行为与评论性质对投资者投资判断的影响，并预期投资者会发生投资偏误。投资者是如何做出投资决策的？传统的档案研究方法很难洞悉投资者决策判断的过程，而采用实验研究的方法，我们可以测度影响投资者判断和决策的可能的中介因素，通过中介分析检验公司在社交媒体平台上的评论折叠行为与评论性质对投资者投资判断产生影响的中间路径。

## 三　研究创新

本书基于传播学的人际欺骗理论、心理学的认知反应理论和三维归因理论，分析并检验了公司在社交媒体平台上的评论折叠行为和评论性质对投资者投资判断的影响。本书的创新点和贡献体现在以下几个方面。

一是基于传播学的人际欺骗理论、心理学的认知反应理论和三维归因理论，分析了公司在社交媒体平台上的评论折叠行为、评论性质对投资者投资判断的影响，以及投资者感知的公司坦率性和可信性的中介作用。

二是采用实验研究方法，本研究从公司拥有的在社交媒体平台上的信息控制权的视角出发，以个体投资者为研究对象，分析并发现了公司在社交媒体平台上的评论折叠行为对投资者投资判断的影响及具体影响路径，补充了社交媒体信息披露影响投资者心理认知及行为反应的新的影响因素。所得出的结论在以往关于社交媒体的相关研究中尚未涉及。

三是采用实验研究方法，研究并发现公司在社交媒体平台上的评论折叠行为与评论性质共同对投资者的投资判断产生影响，发现公司在社交媒体平台上的评论折叠行为对投资者投资判断的影响取决于评论性质，之前的研究尚未关注公司在社交媒体平台上的评论折叠行为与评论性质对投资者的投资判断的交互影响。

四是采用实验研究方法，研究并发现公司在社交媒体平台上的评论折叠行为与评论性质共同影响投资者投资判断的作用机理，这有助于我们深入理解公司在社交媒体平台上的评论折叠行为与评论性质共同影响投资者判断的中间过程。

# 第二章　个体投资者判断与决策相关文献回顾及述评

本章对与本书研究问题相关的文献进行了系统的梳理和回顾。由于本书基于社交媒体平台信息披露的大背景，探究公司在社交媒体平台上的评论折叠行为和评论性质对投资者判断与决策的共同影响，本书的主要研究内容涉及社交媒体和语言特征领域的相关研究，文献综述部分也主要围绕这两部分展开。具体内容安排如下：第一节主要回顾与社交媒体信息披露相关的文献；第二节主要回顾与语言特征相关的文献，包括内容性语言对投资者的影响和功能性语言对投资者的影响两方面的文献；第三节对相关研究进行文献述评。

## 第一节　社交媒体和个体投资者判断与决策的相关文献

### 一　传统媒体与社交媒体的对比

传统媒体平台（例如公司官网等）和社交媒体平台（例如微

博、微信、抖音、淘宝、Twitter、Facebook、Estimize 等）存在显著差异。首先，社交媒体平台的信息来源更丰富。相对于传统媒体平台而言，社交媒体平台更具有开放性，信息来源更多样，信息量也更庞大。任何能够接触到互联网的个体都可以在社交媒体平台上公开发布他们针对一家公司经营、股票变动、未来业绩，甚至是交易决策的观点（Cade，2018），这意味着，公司在社交媒体平台上无法完全控制有关公司的全部信息（Miller and Skinner，2015），公司的信息控制权被削弱。

第二，社交媒体平台促进了投资者和公司之间、各投资者之间的双向交流。传统社交媒体信息披露的主要方式是公司单方面输出信息，投资者接收信息；在社交媒体情境下，公司和投资者更像是在进行对话，投资者不再是信息的被动接收者，他们可以主动进行提问、索取信息，同时，公司也可以通过社交媒体平台发布信息，关注、询问、理解市场参与者的真实需求（Cade，2018）。双向沟通交流意味着，投资者面临的信息环境更为复杂，更多的因素会影响投资者的判断和决策。

第三，相对于传统媒体平台，社交媒体平台信息的可信性受到更多的质疑。信息来源的可信性决定了投资者利用信息做出的决策的可靠性。社交媒体平台由于其开放性和言论自由性，信息来源的可信性受到了极大的关注。Oeldorf 和 Sundar（2012）以及 Schmierbach 和 Oeldorf（2012）的研究认为，相对于报纸等传统媒体，在 Twitter 上发布的信息的可信性更低。这意味着，现有的基于公司通过传统媒体进行信息披露这一研究背景得出的研究结论，并不能完全解释在社交媒体信息披露背景下的投资者心理认知和行为反应。

## 二　社交媒体信息披露的经济后果

随着对社交媒体研究的深入，一些研究致力于分析和解释社交媒体信息披露的具体影响，这部分研究按研究方法来分，主要分为实证研究和实验研究；按研究内容来分，主要关注社交媒体平台对资本市场、投资者、审计师和管理层的影响。

### （一）社交媒体信息披露对资本市场的影响

一些研究关注社交媒体平台（例如 Seeking Alpha、Twitter、Estimize、Blog、东方财富网股吧、微博等）对资本市场的影响，主要探讨了社交媒体对信息不对称、股票收益率预测、股票波动、股市交易量的影响。

Blankespoor、Miller 和 White（2014）将社交媒体披露信息视作传统媒体披露信息的补充。这项研究发现通过 Twitter 向市场参与者发送包含传统媒体信息的网络链接能够进一步降低信息不对称性。Liew、Guo 和 Zhang（2017）肯定了 Estimize 平台上的信息对准确预测盈余的积极作用，并认为这是因为 Estimize 平台上的信息具有客观性。同样对 Estimize 平台进行分析的还有 Jame 等（2016），他们对 Estimize 平台上的盈余预测行为进行了研究，认为社交媒体平台能够帮助预测盈余，同时能够起到价格发现的作用。Chen 等（2014）研究分析了 Seeking Alpha 平台提供的公司信息，发现通过社交媒体信息可以预测股票回报和盈余。Drake、Thornock 和 Twedt（2017）的研究则进一步将信息披露平台分为专业和非专业两类，认为专业平台的信息披露具有积极的市场效应，能够起到价值发现的作用，但是非专业平台的信息披露则会阻碍价值发现。Sprenger 等（2014）运用计算语言学的方法，发现 Twitter 上的推文情绪与股票回报、交易量、波动率有显著关系。Bartov、Faurel 和 Mohanram（2018）发现 Twitter 上个人推文的综合意见成功地预测了公司未来季度盈余和回报，尤其是当推文内容与公司基本面和股票交易信息直接相关时，该结论更为显著。这一结论强调了评估一只股票的未来前景和价值时，考虑 Twitter 上个人推文的综合意见的重要性。陈张杭健等（2021）利用东方财富网股吧用户数据，分析了信息交互行为对股市联动性的影响。研究发现，同时活跃在两个股票论坛的用户越多，对应股票间的相关系数越大。该研究表明，社交媒体平台上的信息交互行为促进了股票信息扩散，从而影响了股价联动关系。龚霄、张国良（2021）发现股吧论坛发帖量及微博推文数、转发量、评论数量、点赞量均与新股溢价率存在显著正相关关系，该研究表明社交媒体平台会对新股市场产生影响。朱孟楠、梁裕珩、吴增明（2020）研究发现网络中心度越高，处于网络中心位置的上市公司的股价崩盘风险越低。关静怡、朱恒、刘娥平（2020）研究了社交媒体对股价崩盘风险的影响，研究发现股吧评论的分歧越小，股价崩盘风险越大。徐巍、陈冬华（2016）研究了微博中信息强度和密度对投资者行为的影响，发现微博中信息披露的强度和密度与当日股票的超额回报和超额交易量正相关。

虽然大量研究支持社交媒体平台对信息传播、股票市场反应的积极作用，肯定了社交媒体平台对资本市场信息披露的重要性，但也有一些研究否定了社交媒体平台的盈余预测功能。Tumarkin和Whitelaw（2001）认为股票留言板信息不能预测未来的股票收益率。S. H. Kim和D. Kim（2014）支持Tumarkin和Whitelaw的研究结论，运用机器学习分类算法对互联网帖子的投资者情绪进行研究，没有发现任何证据表明投资者情绪在总体或单个公司层面能够预测未来股票收益、股票波动性和股票交易量。Nofer和Hinz（2015）发现单一考虑Twitter平台上的推文的总体情绪状态，并不能发现Twitter上推文的总体情绪与股票市场之间存在显著的关联关系。但是按照Twitter上推文的粉丝数量对推文的情绪状态进行加权后，发现推文的总体情绪状态与股票收益之间呈现显著的关系。Nofer和Hinz（2015）的研究结果同样表明，Twitter信息对资本市场的影响，可能并不是单一影响，而是多重因素共同影响。

### （二）社交媒体信息披露对投资者的影响

关于社交媒体的实验领域的主要关注社交媒体对投资者的投资判断的影响。这部分研究致力于信息特征、社交媒体上信息发布的过程对投资者的投资判断的影响。

关于社交媒体中信息本身特征的研究构成社交媒体研究的重要部分。Brown、Elliott和Grant（2018）在Non-GAAP信息披露的背景下研究发布信息的方式对投资者判断的影响。研究发现，相对于出现在传统的符合SEC规定的盈余报告中的Non-GAAP信息，非专业投资者会对公司在Twitter上发布的推文中出现的Non-GAAP信息产生更为显著的关注和依赖。Lee、Hutton和Shu（2015）在公司产品召回的情况下，研究了公司的社交媒体应用如何影响公司信息披露的资本市场后果。Lee、Hutton 和 Shu（2015）的研究指出，公司产品召回构成“产品危机”，在这样的危机中，社交媒体成为一个潜在的能够将信息迅速、直接传递给广泛的利益相关者的有用的信息披露渠道。其研究结论表明，社交媒体提高了产品召回过程的有效性，总体上减弱了产品召回公告对公司品牌和声誉的负面影响。张继勋、韩冬梅（2015）针对深圳证券交易所“互动易”平台和上海证券交易所“上证 e 互动”平台的研究发现，在网络互动平台上，管理层对投资者提问的回复越明确、越及时，投资者判断的公司股票对投资者的投资吸引力越大。张继勋、张广冬、杨小娟（2021）针对股吧建议的研究发现，发帖人经验和发布的建议理由的具体性共同影响投资者决策。在发帖人经验比较少的情况下，社交媒体平台发布的建议理由越具体，投资者判断的公司股票对投资者的投资吸引力越大；在发帖人经验比较多的情况下，无论建议理由具体还是概括，投资者判断的投资吸引力均没有明显差异。

还有研究探讨了社交媒体在信息发布过程中的一些特征是否会影响投资者的判断和决策。

Clor-Proell、Guggenmos 和 Rennekamp（2020）研究了移动设备应用程序的特征对非专业投资者的影响。该研究发现，移动设备应用程序的推送功能，能够通过逐条信息的推送对投资者的决策产生影响。Kadous、Leiby 和 Peecher（2013）研究发现，强社会关系会成为投资者的信任启发线索，当建议来自强社会关系建议者时，投资者会更容易对建议者提出的建议产生信任感。Elliott、Hodge 和 Sedor（2012）发现在盈余重述的原因解释过程中，管理层发布盈余重述原因的渠道将会影响投资者的反应。具体来讲，当管理层进行内部归因时，相对于管理层通过文本形式发布重述原因，当管理层通过视频方式发布重述原因时，投资者的投资意愿更强；但是当管理层进行外部归因时，相对于管理层通过文本形式发布重述原因，当管理层通过视频方式发布重述原因时，投资者的投资意愿更弱。Cade（2018）研究发现，管理层在社交媒体平台上的回应策略，会影响投资者的判断和决策。在应对负面消息的过程中，如果管理层采用解释策略和转移注意力策略，投资者的投资判断将更为积极。

### （三）社交媒体信息披露对审计师的影响

Kuselias、Lauck 和 Williams（2021）注意到审计师在工作日会登录社交媒体平台，他们对社交媒体内容如何影响审计师决策进行了研究。这项实验研究的结果表明，相对于没有在社交媒体平台上看到同行放松行为的审计师来说，当审计师在社交媒体平台上看到同行放松行为时，他们对审计证据的收集和评估行为会更少。这一研究表明社交媒体平台不仅会影响投资者，同时也会影响审计专业人士。李世刚（2020）通过分析股吧评论信息，构建了中小投资者负面情绪变量，发现中小投资者负面情绪与审计收费、审计师发表非标准无保留审计意见的概率存在显著正相关关系。该研究表明，中小投资者群体负面情绪越强烈，发生群体性舆论事件的概率越大，由此带来的上市公司行政处罚风险和会计师事务所诉讼风险最终影响了审计师的审计收费和发表非标准无保留审计意见的概率。

### （四）社交媒体信息披露对管理层的影响

Jung 等（2018）的研究发现公司会策略性使用社交媒体平台发布信息，具体表现为对坏消息的少披露和对好消息的多披露。Durney（2018）针对社交媒体和传统媒体的受众数量研究认为，在关注者众多的情况下，管理层出于自我聚焦的目的，会减少负面消息的披露。类似的，一些国内研究也探讨了社交媒体平台对管理层消息披露的影响。王丹、孙锟鹏、高皓（2020）收集了2012~2015 年中国上市公司股吧信息，发现股吧发帖量、阅读量、评论量与管理层发布自愿性业绩预告的概率存在显著正相关，且在管理层持股更多、面临监管风险更大、媒体关注度更高的企业中，股吧发帖量、阅读量、评论量对管理层自愿性业绩预告的正向影响更大。除研究社交媒体平台对管理层信息披露行为的影响之外，一些研究探讨了社交媒体的监督治理作用。孙鲲鹏、王丹、肖星（2020）利用股吧平台探讨和研究社交媒体是否发挥了公司治理作用。研究发现，股吧发帖量、阅读量和跟帖评论量越多，公司正向盈余管理越少，验证了社交媒体平台的公司治理作用，且这种治理效应在互联网信息环境整治政策出台后更加凸显。类似地，王轶、孙鲲鹏（2021）从企业税收遵从角度探讨了互联网关注的监督作用。该研究采用网络爬虫技术，利用百度指数和股吧发帖量数据构建了互联网关注度指标，研究发现互联网关注度与企业税收遵从度呈正相关，且网络评论越负面，网络关注对企业避税的抑制作用越显著。

## 第二节　语言特征对个体投资者判断与决策影响的相关文献

### 一　内容性语言对投资者的影响

针对信息披露的语言特征研究，主要包括两个部分：内容性语言和功能性语言对投资者的影响。这里所述的内容性语言（Content Language）是相对于功能性语言（Function Language）而言的，指的是具有实质性含义的具体的信息披露内容。

针对内容性语言特征的研究发现，语言的语调、可读性、具体性、正式性、谦逊性、生动性等语言特征都会对投资者的判断产生影响。

针对语调的研究发现，语调不仅会影响投资者的投资判断，还会影响投资者的诉讼意愿。Henry（2008）的研究发现语调会影响投资者的判断。Davis、Piger和Sedor（2012）的研究发现盈余公告中的积极语言可以预测公司未来的业绩水平。Tan、Wang和Zhou（2014）的研究认为语调和可读性共同影响了投资者的判断，具体而言，相对于盈余公告是中性语调，当盈余公告采用的是积极语调时，投资者对公司未来盈余业绩的判断更积极，可读性较低时，语调对投资者判断的影响会更显著。Rogers、Van和Zechman（2011）从股东诉讼意愿的角度考虑信息披露语调的影响，发现乐观的语言增加了诉讼风险。

对可读性的研究构成内容性语言特征研究的重要部分。

Rennekamp（2012）的研究发现披露信息的可读性会影响投资者的判断和决策，可读性更强的披露信息会使投资者产生更强烈的反应，这意味着当披露信息具有良好可读性时，投资者对好消息的判断更为积极，对坏消息的判断更为消极。Asay、Elliott 和 Rennekamp（2017）同时考虑了投资者对公司披露信息和外部信息的反应，发现当投资者看到可读性较弱的公司披露信息时，投资者将会对外部信息更加敏感，这是因为公司披露信息的可读性弱带来的不舒适感增加了投资者对外部信息的依赖程度。Tan、Wang 和 Zhou（2015）的研究认为，当公司业绩与基准业绩趋势不一致时，相对于较弱的可读性，较强的可读性会使投资者对公司未来业绩做出更高的评价；在公司业绩与基准业绩趋势一致时，可读性对投资者的影响则较小。

管理层披露信息的语言的专业性、正式性、具体性、谦逊性、生动性等特征均会对投资者的投资判断产生影响。Tan、Wang 和 Yoo（2019）发现专业术语、行业专长共同影响投资者判断。具体来讲，当投资者行业专长水平低时，专业术语会阻碍投资者的理解并降低投资意愿；投资者具有较低的行业知识水平时，专业术语会增加投资者感知到的产品溢价并增强投资意愿；投资者行业专长水平较高时的情况更为复杂，他们能区分好的术语和差的术语，只有在出现差的术语的情况下，才会降低投资意愿。Elliott、Rennekamp 和 White（2015）发现当抽象概念被具体化时，投资者对公司的投资意愿明显增加。Hales、Kuang 和 Venkataraman（2011）的研究发现，生动的语言会显著影响持有反向头寸的投资者的判断和决策。Grant、Hodge 和 Sinha（2018）针对 CEO 语言风格的研究将 CEO 的沟通风格分为三类，即谦逊、夸大、表面谦逊实则夸大，并认为CEO的语言风格首先影响了投资者感知的CEO的可信性，进而影响了投资者的投资判断。该项研究的结果表明，相对于谦逊或夸大的语言风格，当CEO采用表面谦逊实则夸大的方式进行沟通时，投资者的投资意愿相对更低。Rennekamp和Witz（2021）研究了语言性质和受众参与度对投资者决策的影响。该项研究发现，当受众参与度高时，相对于正式语言，非正式语言更能提高投资者的投资意愿，但是当受众参与度低时，非正式语言则会降低投资意愿。

## 二 功能性语言对投资者的影响

相对于内容性语言，功能性语言在披露信息过程中起到了重要但更为微妙的作用。投资者频繁接触包括代词、冠词、连接词在内的功能性语言，并且无意识地对这部分语言进行处理，由于投资者对功能性语言的反应一般都是潜意识的，因此这部分语言也通常被称为隐形语言（Stealth Language）。

相对于内容性语言，针对功能性语言的研究较少。Asay、Libby和Rennekamp（2018）针对CEO与信息关联度的研究发现，当CEO使用更多的人称代词时（例如我、我们等），投资者的观点和管理层的观点会更加一致。Chen和Loftus（2019）将业绩新闻中的人称代词分为第一人称单数代词和第一人称复数代词，研究认为当业绩消息为负面消息时，相对于复数代词而言，当管理层使用第一人称单数代词时，投资者感知的管理层的可信性更高、投资意愿也更强。Loftus和Tanlu（2018）发现因果关系词的使用，能够缓解负面业绩带来的不利影响。

# 第三节　文献评述

通过对社交媒体和语言特征相关文献进行回顾发现，社交媒体信息披露尚属于新兴的研究领域，社交媒体信息披露的相关研究大体可分为两类。第一类围绕社交媒体信息披露是否会对资本市场和投资者产生影响展开，简称“是否”问题。“是否”问题的研究将决定对社交媒体信息披露的研究是否具有现实意义以及现实意义有多大。虽然少量研究认为社交媒体信息披露未能预测未来的股票收益率（Tumarkin and Whitelaw，2001；S. H. Kim and D. Kim，2014），但大量的研究仍然支持社交媒体信息披露具有显著的市场反应（Blankespoor，Miller，and White，2014；Liew，Guo，and Zhang，2017；Chen et al.，2014；Jame et al.，2016；Drake，Thornock，and Twedt，2017；Sprenger et al.，2014；Bartov，Faurel，and Mohanram，2018）。“是否”问题的研究为与社交媒体相关的第二类研究奠定了基础。第二类研究更为细致和具体，以信息的具体内容、信息的表达形式、社交媒体网络中的社会关系、信息发布时间等多重特征为研究对象，探讨社交媒体信息披露中的具体特征所产生的影响，包括对投资者、审计师、管理层的影响。相对于第一类研究，社交媒体研究中的第二类研究正处于发展阶段，目前的研究还存在以下问题。

一是目前没有研究探讨社交媒体信息披露过程中公司行使信息控制权所带来的影响。这里所指的社交媒体信息控制权是相对于传统媒体而言的。在传统媒体情境下，公司处于信息输出地位，投资者接收信息且无法在传统媒体中发表个人见解，在此过程中公司掌握信息输出源头，具有绝对的信息控制权；但是在社交媒体平台中，社交媒体平台的开放性决定了凡是能够接触到互联网的个人和组织均可以在社交媒体上发布言论、提供信息，投资者不再是单纯的信息接收者，他们获取信息、反馈信息，同时也提供甚至索取信息。这意味着，相对于传统媒体情境，在社交媒体情境下，提供信息的源头是多样的，公司的信息输出地位发生了变化，难以掌控平台上的所有信息。评论折叠功能可以缓解公司控制信息的压力。公司可以通过评论折叠的方式，对信息进行筛选，折叠部分甚至全部的评论信息。评论折叠行为是否会对投资者产生影响？这一问题目前还没有研究涉及。

二是目前没有研究探讨评论信息的语言特征。针对语言特征的研究要么以传统媒体为背景，要么研究社交媒体平台上的公司或者 CEO 的语言特征，少有关注评论信息的语言特征。在实践中，评论信息也是投资者感兴趣的重要内容。在公司于社交媒体平台发布信息之后，投资者作为社交媒体参与者在评论区进行评论，相对于公司，评论者和个体投资者的利益出发点更为一致，个体投资者在阅读评论内容的过程中，将了解其他投资者的看法和观点，这可能会影响其判断与决策。目前针对评论内容的研究甚少，探讨该问题可以为后续针对评论信息内容的研究提供借鉴。

三是目前针对语言特征的研究没有关注不相关的评论和相关的评论的影响。目前针对语言特征的研究致力于从语法结构角度分析不同词语的使用对投资者投资判断的影响，从语言学角度关注语言特征对投资者投资判断的影响的研究比较少。社交媒体平台作为公众交流的重要媒介，各大社交媒体均发布了针对社交媒体网络道德的社群规则，其中对于沟通交流语言的使用做出了限制，但是我们从实践中发现，虽然一些评论内容采用的是平和、得体、相关的语言，仍然存在一些评论性信息采用的是不相关的评论，这部分信息语言随意且与社交媒体原始发布内容无关。从目前的研究文献来看，尚没有研究关注和探讨社交媒体不相关的评论、相关的评论性质是否会对投资者的投资判断与决策产生影响。本书从实践出发，考察不相关的评论、相关的评论对投资者投资判断的影响，将拓展语言特征影响投资者投资判断的相关研究，为后续研究提供新的思路。

四是目前的研究没有探讨评论折叠行为与评论性质的交互影响。评论折叠行为直接影响投资者接触的社交媒体页面内容，其中最为重要的就是评论信息内容，社交媒体的研究尚未探讨评论折叠行为和评论性质对投资者决策的共同影响。因此，研究评论折叠行为与评论性质对投资者投资判断是否产生影响以及如何产生影响能够丰富有关社交媒体、语言特征影响投资者判断的相关文献，这也是本书关注的重点。

# 第三章　社交媒体和个体投资者判断与决策的理论分析及研究假设

本章对公司社交媒体平台的评论折叠行为、评论性质与投资者投资判断之间的关系进行理论分析，并在此基础上提出研究假设。具体包括以下五部分内容：第一节为相关理论介绍，主要介绍传播学的人际欺骗理论、心理学的认知反应理论和三维归因理论；第二节根据人际欺骗理论分析公司在社交媒体平台上的评论折叠行为对投资者投资判断的影响，并提出相应的假设；第三节分析评论性质对投资者投资判断的影响，并提出相应的假设；第四节根据人际欺骗理论、三维归因理论、认知反应理论等相关理论和文献，分析论述公司在社交媒体平台上的评论折叠行为、评论性质两个因素对投资者投资判断的共同影响，并提出假设；第五节结合第二节至第四节的理论分析和假设分析论述公司在社交媒体平台上的评论折叠行为、评论性质影响投资者投资判断的具体中间路径，并提出假设。

# 第一节 社交媒体和个体投资者判断与决策的相关理论

## 一 人际欺骗理论

### （一）欺骗的概念介绍

作为人际互动与沟通过程中最常见的现象（Cole，2001；Jensen，Amett，and Feldman，2004；Zhou et al.，2004；Susan，2005），欺骗（Deception）也被称为诡计（Subterfuge）或者欺瞒（Beguilement），是指通过操纵、歪曲或伪造证据等手段，故意误导对象，诱导被欺骗者获得或者继续保持某种错误信念，最终使被欺骗者做出错误判断的行为（Vrij et al.，2004）。这一概念的具体范畴包括纯粹的撒谎（Lying），也包括折叠（Concealment）、操纵（Manipulation）、掩饰（Dissimulation）、模拟（Simulation）、虚构（Fabrication）、伪造（Forgery）和分散注意力（Distraction）等行为。这一系列行为的最终目的是使他人相信虚假信息是真实的，即误导他人。在人类社会互动过程中，欺骗行为广泛存在（Caspi and Gorsky，2006）。社会心理学和发展心理学的研究表明，人在童年时期就会出现欺骗行为（Lavoie et al.，2017），且儿童施行令人信服的欺骗行为的能力随着年龄的增长而提高（Lee，2013）；14%的人承认在电子邮件中存在欺骗行为，电话交流和面对面交流中存在欺骗行为的比例更高，分别为37%和27%（Hancock，2007；

Joseph and David，2020）；实践中，也广泛存在着偷税漏税、违规、欺骗合作伙伴等欺骗行为；精神病学家和心理学家甚至发出警告，认为欺骗会成为习惯或者强迫性行为。

欺骗具有广泛性和难以辨识性。也正是欺骗的这两个特征，突出了研究欺骗行为的重要性。大多数欺骗行为会带来负面影响（Mazar and Ariely，2015），不仅阻碍有效的团队沟通和团队合作（Lina，Dong，and Sung，2013）、危害个体声誉（Bitterly and Schweitzer，2020），还会对人们的财产安全和身心健康造成威胁。虽然欺骗行为在人们的社会生活中普遍存在，但是通常人们很难区分真话和谎言，也很难辨识是否遭受了欺骗（Ekman and Friesen，1969；Bond and DePaulo，2006；Hartwig and Bond，2011）。Bond 和 DePaulo（2006）研究了人在判断欺骗时的准确性，他们指出，人们在辨别谎言的过程中，准确性有限，正确率仅为47%，与此同时，相对于辨别语言性质的谎言，辨别非语言性质的欺骗行为时，准确率会更低。Vrij、Granhag 和 Porter（2010）指出与欺骗相关的信息和非语言线索的缺乏、欺骗者和诚实者之间微小的差异、欺骗者积极塑造可信事实的努力这三个因素使人们很难辨别欺骗行为。Hartwig 和 Bond（2011）则认为缺乏表征欺骗行为的线索是人们难以发现欺骗行为的主要原因。

### （二）人际欺骗理论概述

关于欺骗的科学研究开始于发展心理学的早期，第一篇关于欺骗的科学研究报告由 Darwin 发表于 1877 年，此后，Piaget（1932）研究了儿童关于欺骗的道德理解，Hartshorne 和 May

（1928）研究了儿童的不诚实行为。现代欺骗学起源于第一次世界大战，20 世纪 70 年代开始融入心理学和社会学理论，20 世纪 90 年代以后才取得重大的发展，人际欺骗理论即为其中之一。

人际欺骗理论是欺骗心理学（Psychology of Deception）领域的一个重要理论，同时因为融合了人际沟通原则和欺骗特征，该理论也在传播学领域占有一席之地。1996 年，Buller 和 Burgoon 提出人际欺骗理论（Interpersonal Deception Theory，IDT）。该理论系统阐释信息发送者与信息接收者在互动过程中存在的关于欺骗行为的认知和影响，旨在解释和帮助理解互动环境中人们的沟通交流目的，即信息发送者如何提高信息可信度以及信息接收者如何应对真实的或知觉层面的欺骗行为。Buller 和 Burgoon（1996）在对人际欺骗理论的论述中指出，所有形式的人际沟通都是基于对沟通者可信性和信息可信性（Credibility）的判断，可信性是参与沟通双方的共同目标：信息发布者做出可信的行为表现，信息接收者评价信息的真实性和质量，并据此做出反应。这里所指的可信性包括诚实（Honest）、可信赖程度（Trustworthy）、负责任（Responsible）、出于善意（Well Intentioned）等。当信息发送者故意传播能够导致信息接收者产生错误信念或者结论的信息时，欺骗行为就出现了，可信性受到威胁。这些能够导致信息接收者产生错误信念或者结论的欺骗行为具有多样性，包括隐瞒（Concealment）、篡改（Falsification）、含糊其词（Equivocation）、误导（Misdirection）、夸大（Exaggerations）、歪曲（Deflections）等（George，Tilley，and Giordano，2014）。信息发送者通过一种或者多种欺骗行为改变信息的完整性、真实性、相关性，以达成自身目的，且人际欺骗理论指出，沟通过程中，随着时间的推移，信息发送者会选择不同的欺骗形式来适应持续互动中的变化。与此同时，信息接收者对于信息发送者的欺骗行为并非全无感知和反应。Buller 和 Burgoon（1996）在论述信息接收者被欺骗后的行为认知和情绪反应中指出，初始信息发送者的行为会影响信息接收者对信息准确性的判断并产生怀疑，当信息接收者经历怀疑时，会表现出负面情绪、认知努力和试图控制，最终影响对信息发送者可信性和信息可信性的判断。具体表现为，当信息接收者怀疑受到欺骗时，感知到的信息发送者的可信性会降低，同时，信息发送者会对自己的行为做出相应调整。

人际欺骗理论的理论价值在于拓宽了欺骗行为的研究领域。Burgoon 和 Buller（1996）在对人际欺骗理论的进一步分析和解释中指出，人际欺骗理论提供了当时人际环境中对欺骗行为特征最全面的研究。此前的研究很少在理论层面系统探讨人际沟通互动过程中的欺骗行为，人际欺骗理论提供了一个抽象的理论模型，以敏锐的视角注意到欺骗性活动的互动性质。以往的研究关注点在欺骗者，探讨欺骗线索测量、关注如何识别出欺骗行为、对欺骗进行编码，人际欺骗理论引入了信息传递者和接收者这两个对立的概念，关注双方互动过程中的个体因素对欺骗行为的影响，不仅关注欺骗者，也关注被欺骗者如何对欺骗行为做出反应，拓展了欺骗学的研究领域。除此之外，人际欺骗理论将欺骗者的行为划分为战略性行为和非战略性行为，该观点也得到后续研究的证实（Zhou，Wu，and Zhang，2014），这为后续探讨欺骗行为的影响后果奠定了理论基础。人际欺骗理论提出了一个针对欺骗者和被欺骗者如何进行互动、被欺骗者如何对欺骗者行为做出反应的理论模型，不仅为欺骗现象的解释提供帮助，也是一个对人际可信度进行判断的模型，因此，该理论模型不仅适用于预测和解释欺骗现象，也能够帮助分析人际社会活动中所有涉及可信度判断的现象（Burgoon and Buller，1996）。

从实践意义来讲，人际欺骗理论以前的研究以孤立研究对象的方式来探讨欺骗者的行为特征（Vrij，Hartwig，and Granhag，2019；Vrij，2019）。在研究过程中，欺骗者独自说或者做，不和任何其他对象进行互动。但是在实践中，不存在有欺骗者但是没有被欺骗者的情境，这种研究设定显然背离了现实情境。对人际欺骗理论的研究同时考虑了欺骗者和被欺骗者，按照时间进程来探讨欺骗行为，考虑欺骗者欺骗行为和被欺骗者面对欺骗行为做出的反应，并全面考虑了整个互动过程中的欺骗者和被欺骗者的特征，研究设定考虑的因素更全面、具体，更符合现实状况，更具有实际意义。

人际欺骗理论提出以后，相关研究对其进行了验证和拓展。一些研究开始拓展 Buller 等（1996）提出的战略性欺骗行为和非战略性欺骗行为。欺骗行为的不同特征均会影响被欺骗者的感知（Buller et al.，1996）。非战略性欺骗行为指的是无意间泄露欺骗者欺骗意图的行为特征，例如紧张、退缩、更多的错误和犹豫、更高的音调、不流畅的沟通交流等（Buller and Aune，1987；Ekman and Friesen，1969；Zuckerman，Depaulo，and Rosenthal，1981）。这些行为是在不经意间被展现出来的；与之相对应，战略性欺骗行为则恰恰相反，这些行为是刻意而为的，例如杜撰、隐瞒、伪造、模棱两可等。欺骗者做出战略性欺骗行为的主要目的是减少自身对欺骗性行为的责任，避免欺骗被发现后带来的不利后果（Buller and Burgoon，1996）。战略性欺骗行为是导致人们难以发现欺骗行为的主要原因（Zhou，Wu，and Zhang，2014；Buller and Burgoon，1996）。

除此之外，另外一些研究从人际互动的角度考虑欺骗行为的影响。相关研究将欺骗线索大致分为语言线索和非语言线索。语言线索特征包括词汇和语法的多样性、语言的流畅性（Wise and Rodriguez，2013）、语言的内容（例如自我披露、指责、干扰、话题转移和拒绝）等。Buller 等（1996）指出，欺骗者在语言上会出现更多的非即时性和模糊性。更进一步地，Burgoon 等（2003）发现欺骗者更可能使用简短、僵硬、没有情感和变化的语言。这是因为欺骗者没有获取真实的记忆和细节，记忆资源的限制决定了欺骗者无法创造出具有真实话语特征的丰富细节和复杂信息。随着交流的进行，欺骗者可能会改变这些模式，以更接近真实的正常语言进行沟通交流。Li 等（2020）则指出，情感线索和社会语言线索越多，在线评价越可能被认为是虚假的。Zhou（2005）指出，与说真话的人相比，欺骗者更频繁地发起对话、认知复杂性也更高，他们更少会删除对话信息，在信息之间停顿的时间也明显短于说真话者。除此之外，欺骗者表现出更低的语言内容多样性，比说真话者更多地使用情态动词。Zhou 等（2004）发现，欺骗者的表达会更非正式，词汇和内容层面的多样性也不足。这些研究的目的都在于更好地帮助和理解在社会沟通交往过程中，人们对欺骗行为的感知和反应。这些研究为人际沟通过程中适用人际欺骗理论奠定了基础。

非语言线索特征传达了一个人的情感状态、社会交往中的合作与竞争性质、人际关系中的亲密程度等。非语言行为，例如声音质量、身体动作等，在日常的人际互动交流中起到非常重要的作用。Burgoon 等（2009）在对人际欺骗理论的进一步研究中指出，面对面沟通交流的人会过度推断对方是诚实的，尤其是与熟人进行交谈时，这种过度推断更为明显。这种对诚实性的过度推断，直接导致无法准确判断他人的欺骗行为且该研究发现在熟人面前，人们对欺骗行为的判断的准确率下降。Sai 等（2018）从脑神经学的角度出发，解释了欺骗者和说真话者在神经反应上的差异。该项研究指出，欺骗本质上引发了两种相互竞争的反应倾向之间的冲突——说出错误的陈述和说出真实的陈述，即人际欺骗条件下的欺骗者面临着反应竞争和决策模糊，因此，欺骗者的大脑活动与工作记忆、反应抑制和任务转换等区域的一般执行控制过程有关。George 和 Carlson（2010）在一项针对人们进行欺骗时会选择何种媒介的调查中发现，受访者作为潜在欺骗者，44.6%的受访者选择面对面沟通交流，24.4%的受访者选择电话联系，13.4%的受访者选择采用电子邮件，采用备忘录和信件的受访者分别占到 13.4%和 4.3%。

目前尚没有研究将人际欺骗理论延伸到财务会计研究领域，也没有研究应用人际欺骗理论来解释社交媒体平台上的评论折叠行为对投资者投资判断的影响。本书借鉴人际欺骗理论来解释社交媒体平台上的评论折叠行为对投资者投资判断的影响，预期会对社交媒体信息披露相关的研究做出一定的理论贡献。

## 二　认知反应理论

1968 年，美国心理学家 Greenwald 提出认知反应理论（Cognitive-response Theory），其后，Olson、Toy 和 Dover（1982）以及 Wright（1973）对认知反应理论进行拓展和延伸。认知反应理论的理论范畴为心理学态度和说服研究领域，该理论的核心内容可以被概括为：个体对信息的心理好感度将影响个体对信息的使用。具体地，个体对信息的接触导致认知反应，认知反应进一步影响个体对信息的态度和个体行为判断的改变。认知反应理论认为人们在接收到来自他人的信息时，会产生一系列的主动思考，这些思考形成具有评估性质的心理反应，即产生和演练出支持或者反对信息的论点，并最终决定个体对信息的整体反应和态度。认知反应理论中所强调的认知反应指的是由态度客体（也就是所说的条件刺激）的呈现所引发的个体产生的与客体相关的思考和判断（Love and Greenwald，1978；Huskinson and Haddock，2006）。在认知反应理论中，认知反应的概念之所以重要是因为该理论认为是认知反应而不是信息内容本身影响了个体对信息的最终态度。例如，在个体决定是否应用一项研究所述及的知识时，并非研究本身而是个体感知到的研究设计的质量（例如，研究是由哪位学者进行的，研究中使用了哪些研究方法）最终决定了个体的判断与决策（Olson，Toy，and Dover，1982；Coursey，1992）。

认知反应理论认为，信息中包含的线索决定个体是否接收信息。当一个信息接收者接收到某一信息并面临着接受或者拒绝该信息内容的决定时，该信息接收者会启动认知评价过程

(Cognitive Evaluation Process)，在短期记忆中进行沟通交流并在长期记忆中调取和匹配想法，尝试着将新信息与其已有的态度、知识、感受、信念、价值观等长期记忆内容联系起来。在这一信息加工过程中，个体会回顾和演练超出新信息的大量认知内容，并基于自身的思想认知、价值观、知识和原有的态度感受生成支持或者拒绝这些信息的论点，即产生认知反应（Olson，Toy，and Dover，1982；Wright，1973；Love and Greenwald，1978；Greenwald and Leavitt，1984)，这些认知反应最终会影响个体对信息的接受程度（Greenwald，1968)。具体而言，在个体基于信息产生积极认知的情况下，信息接收者会对信息发送者及其发送的信息产生积极的看法（同意或者支持)，但是在个体基于信息产生消极认知的情况下，信息接收者会对信息发送者及其发送的信息产生消极的看法（反驳或者忽略）(Greenwald and Leavitt，1984)。考虑这样一种情况：个体作为投资者在三个公司之间进行选择，三个公司分别报告了各自的净利润。寻求最佳经济收益的决策者在接触到信息后将会做出相应的认知反应。每个公司的报告中所涉及的信息线索将会影响投资者的认知反应。这些线索包括但不限于谁做的分析、使用的方法、叙述的方式、披露的时间等。例如，报告中提及的信息来源将会影响投资者感知到的信息可信性，从而决定投资者认为的净利润的准确性。在信息来源可靠的情况下，即使利润值不高，投资者也可能会认为报告是高度可信的，如果是这样，投资者判断的高可信性将提升投资者对报告的好感度并阻止投资者提出针对该报告的反对意见。通过减少对公司报告的反驳意见的数量，来源可信性高的信息会比来源可信性低的信息更具有说服力；相反，如果信息来源并不可靠，即使报告的利润值较高，投资者也可能会认为报告不值得信赖，此时，投资者判断的低可信性将会使投资者产生针对该报告的反对意见，导致来源可信性低的信息的说服力较弱（Coursey，1992）。

Olson、Toy 和 Dover（1982）指出，个体对信息的加工过程分为三个阶段——第一个阶段是信息接触的阶段，第二个阶段是个体产生认知反应的阶段，第三个阶段是个体的态度发生改变的阶段，即信息接触—认知反应—态度改变的三阶段信息加工处理模式。认知反应理论在营销学中有较为广泛的应用。以受众对广告的接触为例，Olson、Toy 和 Dover（1982）指出，广告受众在接触广告的过程中，个体因接触广告产生的认知反应在广告影响个体态度的整个过程中发挥中介变量的作用。苏淞、黄劲松（2013）指出，在消费者评价和利用广告的过程中，认知反应充当了广告影响消费者购买意愿的中介变量，在此过程中，消费者首先接触广告信息，在信息加工过程中形成认知反应，最终形成消费者态度。蔡佩儿、沙振权（2016）则指出，广告的创意和制作水平会影响消费者对广告的认知效果、增强品牌效应，并促使消费者形成联想、记忆和思维，最终影响消费者的购买意愿。Wright（1973）在研究认知过程如何影响消费者对广告信息的接受程度时指出，消费者在接触广告信息后，会依赖他们对信息内容产生的具有评估性质的心理反应来形成对广告的态度。该研究指出，是心理反应而不是内容本身影响了消费者的最终态度。

引起个体认知反应的信息线索具有多样性，可能来自沟通的具体情境，也可能来自信息的来源特征和内容特征等（Greenwald，1968；Breckler and Wiggins，1991；Coursey，1992；Ostrom，1969）。例如，Landsbergen 和 Bozeman（1987）的研究发现个体对信息可信性的评价是带有主观性的，信息提供者来自组织内部还是来自组织外部将会决定个体感知到的信息可信性，持有类似观点的还有 Coursey 和 Bretschneider（1991）。Zajonc 和 Markus（1982）指出，情感认知会对偏好产生影响，并且他们认为观点和意见的形成可能涉及多重组合的认知和情感成分。更进一步地，该研究指出，权威机构的宣传和报道会使消费者对产品更具有好感，第一印象或者是周围人的购买欲望和习惯也可能会影响消费者的购买意愿。Smith 和 Swinyard（1988）从产品销售角度研究了销售者的认知反应，并认为产品信息中所体现出的不同寻常、不确定性将会诱发消费者的好奇心，这对于低成本的产品或具有一定风险性的产品来说是有利的，激发消费者的好奇心可以促使消费者从商品信息的被动加工者转变为商品信息的主动搜寻者，并增加消费者尝试购买商品的意愿。

Wright（1973）在对认知反应的进一步研究中，将个体接触信息之后产生的认知反应归为三类：负面认知、来源减损和正向支持。

负面认知反应来源于个体对差异性信息的选择性规避，这是一种常见的信息处理模式。当个体接触到的信息与个体本身已经存在的认知、信念、价值观或者感受存在差异时，个体反对的论点会被激活，此时就会产生信息拒绝。一个信息接触带来负面认知反应的简单例子是相对于普通广告，当消费者观看三维动画广告时，可能马上想到三维动画广告中的场景在现实生活中并不可能存在，在这种情况下，即使普通广告与三维动画广告的内容一致，“三维动画广告里面的场景在现实生活中并不可能存在”这一认知也将直接影响消费者对广告的接受程度，引发其对广告的排斥态度或者信息免疫。Cook（1969）指出，相对于可信性高的信息，个体对可信性低的信息会产生更多的反驳论点；可信性低的信息无法阻止个体的反驳意愿，这是因为具备高可信性的沟通者对个体的说服力强于具备低可信性的沟通者。

负面认知反应会导致个体对呈现的信息保持中立或者反对态度（Kelman，1953；Festinger and Nathan，1964）。McGuire（1964）指出，当个体对信息产生负面认知时，信息的说服力会减弱。这是因为个体会对弱说服力的信息产生信息拒绝（Message Rejection），并且，由于个体通常认为观点是自己的一部分，个体会不自觉地维护自己当前的观点和态度，因此，弱说服力的信息可能会促使个体产生逆反心理，强化对立观点。无论是信息拒绝还是强化对立观点都意味着一旦个体产生负面认知反应，信息的说服力将会下降。

与负面认知相类似的另一种会阻碍个体接收信息的认知反应被称为来源减损（Source Derogation）。在一些情况下来源减损可以替代负面认知，且多被用于信息来源很容易受质疑的情况。例如，个体会自发地贬损特定的发言人或者赞助商，认为“他们从来都拿我们当傻子看，不尊重我们的智慧”或者“这则广告又是一项洗脑工作”，对于名人推荐的产品，有些人也许会认为“企业一定是给了这个名人很多钱，其才这么说的”。这些质疑信息来源的认知反应最终会反映在对信息的加工处理上。实际上，来源减损过程对信息接收程度的影响与负面认知带来的影响一样具有破坏力。Tannenbaum、Macaulay 和 Norris（1966）指出，来源减损会降低说服力，具体表现为个体态度并不会产生多大变化甚至会更相信原来的观点，持有该观点的还有 Anderson（1967）。Thalhofer 和 Kirscht（1968）指出，相对于多个信息源但是只有一个信息源发生来源减损而言，当只有一个信息源且该信息源发生来源减损时，信息的说服力会更低。消费学和广告学领域的研究也表明，广告的效力取决于广告的来源，来源减损将降低广告对消费者的吸引力（Akar and Topçu，2011；Hayes and King，2014；Shareef et al.，2019）。

除负面认知和来源减损之外，个体也会产生支持性意见。当传入的信息与已有的信念发生一致的关联，或者传入信息的论点本身是由已经确立的信念来支持的，信息接触者就会激活正向支持反应（Wright，1973）。相对于负面认知和来源减损这两种认知反应，当个体产生正向支持反应时，传入的信息更可能会被信息接收者接受。

目前，相关研究主要将认知反应理论应用于解释信息或刺激如何影响信息接收者的行为意向。这些研究的基本思路是信息接收者经历认知阶段和反应阶段，信息在认知阶段激活个体的认知反应，个体在反应阶段根据被激活的积极或者消极反应做出具体的判断与决策（Olson，Toy，and Dover，1982）。陈建安、黄海、邓海生（2021）应用认知反应理论解释上级幽默如何影响员工的积极情绪。其在研究中指出，员工在接收到上级的幽默刺激时，会对该刺激进行信息加工，上级的幽默情绪会影响员工的情绪并带来一些外显反应。Olson、Toy 和 Dover（1982）构造了一个广告影响个体态度的模型，认为认知反应调节了广告内容对消费者信念、态度、行为的影响。Taylor - Carter、Doverspike 和 Alexander（1995）以性别平权议案的公正性评价为背景，构造模型研究信息内容、认知反应对评价态度的影响，研究结果表明，认知反应确实有助于解释态度的转变。Harmon 和 Coney（1982）指出，个体基于信息产生的认知反应（好感度）会影响个体对产品的态度，并进一步影响个体的行为意向。Lawrence 等（2019）在研究供应商鼓吹行为的过程中发现，采购方人员在讨论中强调供应商的信誉或生存能力将唤起采购方其他人员的积极认知，最大限度地减少采购方内部的反对意见，这种积极的认知反应最终会影响采购方的采购决策，提高从供应商那里购买产品的可能性。

## 三　三维归因理论

### （一）归因的概念介绍

心理学将“归因”概括为个体通过感觉认知、视觉搜寻等方式来观察判断事物或者行为，并将所搜寻的线索输入大脑，经过一定的思维判断、理解、推导等信息加工过程之后，找到此次认知活动或者事件形成的原因的解释过程（Heider，1958；Weiner，2008；Weary et al.，1980）。Heider 是归因理论的创始人，他系统地阐释了归因过程和在此过程中的社会感知问题。Heider（1958）

指出个体对行为或者事件的归因可以分为内部归因和外部归因两种方式，内部归因来自行为人本身，例如经历、情绪、喜好、工作态度、行为习惯等；外部归因来自环境中的因素，例如经济环境、空气质量、天气、工作性质、高层意见等。Heider（1958）强调了不变性原则在归因过程中的重要性，并认为归因过程就是寻找某一个特定因素与特定结果的不变关系，如果某特定因素在不同情况下总是与某一结果保持联系，而当该特定因素不存在时，相应的结果也不再出现，则特定因素与特定结果之间存在因果关系，特定结果归因于特定因素。Heider（1958）的研究激发了心理学对归因理论的研究，Kelley 在 1967 年基于 Heider 的研究提出了三维归因理论。在该理论中，Kelley（1967）将三个维度的归因明确为：行为人、刺激物、行为背景和情境。

### （二）三维归因理论概述

社会心理学家 Kelley 在 1967 年提出了三维归因理论（Cube Theory）（Kelley，1967，1973；Kelley and Michela，1980）。该理论也被称为炻度理论或者立方体理论，该理论是心理学领域系统地解释人们如何使用信息来推断行为原因和事件起因的一项重要理论。三维归因理论指出，人们对他人行为的归因过程分为三个阶段：观察行为、判断原因和排除其他因素（包括偶然因素）。在推断原因时，人们通常会推断出特定的行为是由与该行为相关或者紧随其后发生的刺激或者事件引起的，且 Kelley（1967）认为个体对事件或者行为的归因不外乎三种：行为人归因（Person Attribution）、刺激物归因（Stimulus Attribution）、行为背景和情境归因（Circumstance Attribution）。正是因为对这三个维度的归因的使用，Kelley 提出的这一归因模型也被称为 Kelley 的三维归因理论（Kelley's Cube）。根据 Kelley 对这三个维度归因的解释，行为人归因指的是个体内部自身的原因，例如导致事件发生的一些个人特征等。当一个人对不同环境下的许多不同的刺激物做出同一反应时，我们推断该个体与某种行为或者事件相关，此时推断这个人导致了某种行为或者事件的发生。类似于行为人归因，当某种刺激或者情境与事件相关时，推断这个刺激物或者情境导致了某种行为或者事件的发生，即刺激物归因或者是情境归因。事实上，Kelley 借鉴 Heider 的内外部归因研究并对其进行了进一步扩展，Kelley 指出的三个维度的归因分别对应于 Heider 提出的内外部归因，其中行为人的归因属于内部归因，而刺激物和行为背景和情境归因则属于外部归因。

除提出三个维度的归因之外，Kelley 基于共变原则，指出了用于判断归因的三种类型的行为信息：一致性（Consensus）、区别性（Distinctiveness）、一贯性（Consistency）。一致性是指不同个体面对相同刺激时，是否表现出与被观察者一致的行为。如果每个个体面对相同或者相似的情境时都表现出一致的反应，则该行为是高一致性的；如果某一行为对于其他人来说是罕见的，则该行为是低一致性的。例如，如果一个员工上班迟到且只有其迟到，那么迟到这件事情的一致性就很低。区别性或者特殊性，指的是面对同类型的其他刺激时，被观察者是否也表现出相同的反应，即被观察者是在众多场合下表现出同一种行为还是仅在某种场合下表现出这一行为。例如，如果上班迟到的员工在其他活动中也会迟到，则迟到对于该员工来说是常态，不具有特殊性。一贯性是指在不同时间点、不同情境下，面对同一种刺激，被观察者的反应是否相同，即行为表现是否稳定。一贯性是出于个人内部的信息特征，如果同一个体频繁表现出某种行为，则其行为的一贯性高，如果对于一个个体而言，其行为是偶然的、不具有重复性的，则该行为的一贯性低。例如，迟到的员工并不是总是迟到，通常他是准时的，则迟到这一行为对于该员工而言，是一贯性低的。三维归因理论认为，一致性、区别性和一贯性构成一个协变的立方体框架结构，并最终决定归因结果。例如，以股票收入为例，如果投资者甲购买 A 公司股票所获得的收益，与购买其他同类型股票所获得的收益十分相似，则区别性低，而购买 A 公司股票的其他投资者获得的收益和他的收益不同，则一致性低，并且无论哪一个年份，他所获得的 A 公司股票收益都是很稳定的，则一贯性高，那么在判断投资者甲对 A 公司股票的投资策略水平时，可以认为他对自己的股票收益水平负有主要的责任，属于内部归因。但是如果投资者甲的投资收益具有区分性高、一致性高、一贯性高的特征，则市场对他的股票收益水平负有主要责任，属于外部归因。实际上，三维归因理论认为，在一致性低、区别性低、一贯性高时，个体将原因解释归因于内部（Martinko and Thomson，1998），即归因于行为人，在其他情况下，个体倾向于将原因归因于外部，即归因于刺激物或事件或行为所处的背景和情境。

三维归因理论系统地概括了个体在判断他人行为过程中所进行的思维判断过程和解释过程，并总结了这一复杂活动过程中的一些规律。该研究在涉及评价他人行为的研究领域得到广泛的应用。Kimble、Arnold 和 Hirt（1985）基于 Kelley 的研究，从三维归因理论出发考察了人际吸引的归因问题，他提出了七种不同的归因模式，并发现在行为人表现出积极特征时，被评价者更受欢迎，个人特征在人际吸引过程中扮演了重要的角色。Fishbein 和 Schwartz（1984）指出，在重复考虑归因因素时，个体对行为的归因会发生变化，例如在考虑行为人违反常识的情况下，反复考虑行为人为什么违反常识，可能会产生不同的结果，一个超过红灯停留的时间还在车道上等待的司机可能会被认为是谨慎的，也可能会被认为不够专心。Tillman 和 Carver（1980）在对 Kelley 的三维归因理论的验证中指出，不论是观察者还是行为人，都倾向于将成功归因于内部，将失败归因于外部。Lee 等（2020）在研究员工福利的过程中发现，员工福利的人力资源归因和工作任务个性化归因会影响员工工作变动意向。Lee 等（2020）指出，员工福利的人力资源归因（员工认为人力资源的工作实践是为了提升员工福利）与员工外部工作变更的意愿呈负相关，但是与内部工作变更意愿呈正相关；工作任务个性化归因（员工和主管是否就工作内容和工作职责达成一定的个性化协议）调节了员工福利的人力资源归因与员工工作变更意愿之间的关系，具体来说，当工作任务个性化归因程度高时，良好的员工福利人力资源归因在减少员工外部工作变更意愿方面的作用并不明显，但是在增强员工内部工作变更意愿方面的作用更强。该研究通过区分组织内员工福利的归因对员工工作变更意愿的影响，扩展了归因理论和员工福利的相关研究。

## 第二节　评论折叠行为和个体投资者判断与决策

实践中，社交媒体平台上的评论折叠行为有两种情况。第一种情况是系统评论折叠。在这种情况下，社交媒体平台内置地对超过一定数量的评论进行折叠设置。在社交媒体平台进行评论折叠操作之后，阅读者可以看到关于被折叠评论的相关统计数据信息，阅读者可以选择点击被折叠评论统计数据查看被折叠的评论内容。在这种情况下，阅读者能够看到所进行的评论折叠行为且能够看到折叠了哪些评论。此外，阅读者也可以忽略被折叠评论的统计数据信息，此时，阅读者仅获得关于评论折叠行为的提示性信息而无法获得被折叠评论的具体内容。

第二种情况是发布者评论折叠。发布者可以对评论进行筛选，并对部分或者全部的评论进行折叠。不同于系统评论折叠，发布者评论折叠是由发布者的主观意识驱动的，是一种可以被归因为发布者动机的主观行为。

Buller 和 Burgoon（1996）在人际欺骗理论的论述中指出，所有形式的人际沟通都是基于对沟通者可信性和信息可信性的判断，可信性是参与沟通双方的共同目标：信息发布者做出可信的行为表现，信息接收者评价信息的真实性和质量，并据此做出反应。根据人际欺骗理论，人们相互之间的信任产生于沟通上的真诚和坦率，当信息发送者通过隐瞒、篡改、含糊其词、误导、夸大、歪曲等方式，故意传播能够导致信息接收者产生错误信念或者结论的信息时，信息接收者会对信息发送者的真诚和坦率性产生怀疑，表现出负面情绪、认知努力和试图控制行为，这种对信息发送者真诚和坦率性的怀疑会进一步影响信息接收者对信息发送者可信性的判断，并最终影响信息接收者的行为（Buller and Burgoon，1996）。

人际欺骗理论不仅能够用于解释面对面沟通交流中的欺骗行为，也适用于线上沟通交流中的欺骗行为（Wise and Rodriguez，2013；Zhou，Wu，and Zhang，2014；Burgoon et al.，2003；George，Tilley，and Giordano，2014；Li et al.，2020）。类似于面对面沟通交流，在在线或者书面沟通交流过程中，也存在各种各样的欺骗行为线索（Zhou，Wu，and Zhang，2014；Burgoon et al.，2003；Li et al.，2020），例如词汇和语法的多样性、流畅性等，因此人际欺骗行为中的语言特征研究既包括面对面沟通交流，也包括社交媒体平台在线交流。Wise 和 Rodriguez（2013）在即时通信背景下研究了人际欺骗理论的实际应用。该项研究指出，欺骗性短信行为更可能出现在陌生人之间，而且通过短信进行欺骗，欺骗者将承受欺骗被发现并承担欺骗后果的压力。Zhou、Wu 和 Zhang（2014）系统调查研究了在线沟通过程中可能存在的欺骗话语线索，并提出了一个话语框架为揭示欺骗性交际行为提供指导。该研究指出，自我披露、指责、干扰、行动导向、话题转换、不流畅和拒绝等都是潜在的欺骗行为线索。Burgoon 等（2003）在研究文字聊天和音频聊天中发现，欺骗者使用的语言更简短、更僵硬、更没有情感，在语言选择上也表现出更少语言变化的特征。这是因为欺骗者没有获取真实的记忆和细节，记忆资源的限制决定了欺骗者无法创造出具有真实话语特征的丰富细节和复杂信息。随着交流的进行，欺骗者可能会改变这些模式，以更接近真实的正常语言进行沟通交流。Li 等（2020）在研究虚假评价的识别中指出，情感线索和社会语言线索越多，在线评价被认为是虚假的可能性就越大，而照片对识别虚假评价的影响是有限的。Zhou（2005）探讨了计算机媒介交流过程中欺骗者的行为特征。该项研究指出，与说真话的人相比，欺骗者更频繁地发起对话，认知复杂性也更高，他们更少会删除对话信息，在信息之间停顿的时间也明显短于说真话者。除此之外，欺骗者表现出更低的语言内容多样性，比说真话者更多地使用情态动词。Zhou 等（2004）在对计算机媒介信息的进一步研究中发现，欺骗者的表达会更非正式，词汇和内容层面的多样性也更低。这些研究的目的都在于更好地帮助和理解社会沟通交往过程中，人们对欺骗行为的感知和反应。这些研究为在线上沟通交流过程中适用人际欺骗理论奠定了基础。另一份针对行为的研究表明，在团队合作过程中，行为熟悉对团队成功发现欺骗行为有积极的影响，而性别多样性则有消极的影响（Lina，Dong，and Sung，2013）。George、Tilley 和 Giordano（2014）指出，相对于通过书面邮件来识别欺骗行为，人们更可能通过声音来识别欺骗行为。

人际欺骗理论的相关研究表明，该理论不仅为研究人与人之间面对面交际语境中的欺骗行为提供了理论基础，也为研究线上沟通中的欺骗行为提供了理论基础（Lina，Dong，and Sung，2013）。基于此，我们将人际欺骗理论应用于解释社交媒体平台上的评论折叠行为对投资者投资判断产生影响的具体过程。

在社交媒体平台上，当投资者观察到发布者评论折叠的行为时，投资者面对部分或全部被折叠的评论内容，会认为发布者在社交媒体平台上的双向沟通交流过程中试图利用信息发布者优势对评论进行筛选和控制，掩盖掉一部分不愿意让投资者看到的信息，这种行为属于隐瞒行为。根据人际欺骗理论，隐瞒行为作为欺骗行为的一种，意味着遮盖真相和不真诚、不坦率（Martin and White，2008），会直接降低个体感知到的信息发送者（公司）的坦率性。坦率的沟通交流才能获取对方的信任，感知到的坦率性越低，则信任感和可信性也越低，反之亦然（Wamsiedel，2020），因此评论折叠会依次影响投资者感知到的信息发送者（公司）的坦率性和投资者感知到的信息发送者（公司）的可信性。有关于可信性的研究表明，可信性会影响投资者的投资判断（Harmon and Coney，1982；Triki，2019；Sekerci et al.，2022；Rapley et al.，2021）。具体地，由感知到的可能的欺骗所引起的可信性下降会导致较低的投资意愿（Triki，2019）。Sekerci 等（2022）的研究指出，投资者感知到的可信性越高，对公司消息做出的评估越积极，对公司股票的估值也越高，相反，如果投资者认为公司不可信，则对公司消息的评估越消极，对公司股票的估值也越低。Rapley、Robertson 和 Smith（2021）指出，关键审计事项披露与投资者感知到的管理层披露的可信性呈负相关，而投资者感知到的管理层披露的低可信性最终会降低投资者的投资可能性。

基于以上分析，当发布者在社交媒体平台上进行评论折叠时，投资者会对信息发布者的坦率性和可信性产生怀疑，投资者感知的信息发布者的坦率性和可信性会下降，较低的坦率性和可信性判断会促使投资者做出较低的投资吸引力判断。相反，当发布者不折叠评论时，投资不会认为信息发布者试图掩盖一部分不愿意让投资者看到的信息，信息发布者的坦率性和可信性也不会遭受质疑。因此，相对于不折叠评论，在信息发布者在社交媒体平台上折叠评论的情况下，投资者感知的信息发布者的坦率性和可信性更低，相应地，投资者判断的投资吸引力也更低。

综合以上分析，本书提出假设1。

**假设1**：相比公司不折叠评论，当公司在社交媒体平台上进行评论折叠时，投资者判断的投资吸引力更低。

## 第三节 评论性质和投资者判断与决策

语用学强调了语言特征在沟通交流过程中的重要性（Kochman，1984；Leech，1983；Fraser，1990；Fraser and William，1981；Mills，2009；Lakoff，1973；Brown and Levinson，1987）。在双向交流环境中，说话双方所提供信息的相关性决定信息的有用性。与传统媒体相比，社交媒体平台更加强调问答氛围，即双方在在线沟通交流中交换意见、获得答案、寻找相关信息等。与传统媒体相比，社交媒体平台更近似于线下沟通交流，获得有用信息是沟通交流的主要目的。

根据认知反应理论的相关研究，沟通是否能够产生说服的效果通常取决于信息接收者产生的认知反应的性质（Breckler and Wiggins，1991；Greenwald，1968）。个体对信息的加工呈现信息接触—认知反应—态度改变三个阶段，正面的认知反应带来积极的支持性论点，促进态度的改变，而负面的认知反应和产生的对信息来源的怀疑会带来消极的反对性论点，阻止态度改变甚至会强化对立观点。具体地，在正面认知反应带来积极的支持性论点的情况下，个体接收并接受信息，并将这些信息用于判断，相应地，个体意见发生变化（Olson，Toy，and Dover，1982；Wright，1973）。但是在负面认知导致消极的拒绝性论点的情况下，出现信息拒绝行为（McGuire，1964；Wright，1973；McQuail，2006），此时，个体观察到信息但并不处理信息，个体的意见也不因为信息而发生变化（Kelman，1953），也就是说，个体在心理和认知层面，屏蔽掉了信息。简而言之，信息的影响取决于个体在判断时产生的好感度（Harmon and Coney，1982），在个体产生负面认知反应的情境下，说服性信息很难取得良好的效果（Festinger and Nathan，1964）。

在本书的研究情境中，当社交媒体平台上的评论信息采用不相关的评论时，由于不相关的评论并不具有提供答案的有用性，投资者不会处理这部分信息，不相关的评论信息无法起到良好的说服效果，投资者的投资判断并不会因为阅读了不相关的评论而发生变化。相反，当社交媒体平台上的评论信息的性质为相关时，评论人提供有价值的答案，且由于社交媒体平台上的评论内容代表了与投资者立场一致的利益相关者（同样是投资者）的看法，相对于社交媒体平台上的评论信息采用不相关的评论，在社交媒体平台上的评论信息采用相关的评论时，投资者更可能对评论信息产生积极的认知反应，例如感到获得回应、问题得以解答等。相应地，相对于评论信息采用不相关的评论的情况，在评论信息采用相关的评论的情况下，投资者更不可能出现信息拒绝行为。这意味着，相对于社交媒体平台上的评论信息采用不相关的评论的情况，当社交媒体平台上的评论信息采用相关的评论时，个体对评价信息的接受程度会更高，并更可能将这些评论信息用于投资判断。

为了方便进行数据解释，明确实验结果的方向性，我们在实验过程中将被折叠的评论内容设定为负面信息，例如，如果实验中选择中立的评论信息，则无论实验研究对象是否受到了评论信息的影响，结果都无法被观测和区分。为此，在具体研究实施过程中，不相关或者相关的评论信息均以负面信息的形式呈现，这样在进行结果解释时，能够明确实验研究对象是否受到了相关信息的影响。因此，根据以上分析，相对于社交媒体平台上的评论信息采用不相关的评论的情况，当社交媒体平台上的评论信息采用相关的评论时，评论内容更可能会影响投资者的投资判断，具体来说，相对于社交媒体平台上的评论信息采用不相关的评论，在社交媒体平台上的评论信息采用相关的评论时，投资者更可能在投资判断过程中对负面评论进行赋权，相应地，投资者判断的投资吸引力更低。

综合以上分析，我们提出假设 2。

**假设 2：**相比社交媒体平台上的评论信息采用不相关的评论的情况，在社交媒体平台上的评论信息采用相关的评论的情况下，投资者判断的投资吸引力更低。

## 第四节　评论折叠行为、评论性质和投资者判断与决策

在实践中，存在不相关和相关的评论内容，评论内容是否会

影响公司在社交媒体平台上的评论折叠行为和投资者投资判断之间的关系？在何种情况下，评论折叠行为对投资者投资判断的影响更大？为进一步深入理解公司在社交媒体平台上的评论折叠行为对投资者投资判断的影响，本部分我们分析评论折叠行为、评论性质共同对投资者投资判断产生的影响。更为具体地，我们分别分析在采用不相关的评论和相关的评论两种情况下，评论折叠行为如何影响投资者的投资判断。

## 一　采用不相关的评论时评论折叠行为与投资者投资判断

根据认知反应理论的相关研究，沟通是否能够产生说服的效果通常取决于信息接收者产生的认知反应的性质（Breckler and Wiggins，1991；Greenwald，1968）。具体地，影响个体在判断中赋予信息权重的重要因素之一是个体在判断时产生的好感度（Harmon and Coney，1982），正面的认知反应带来积极的支持性论点，促进态度的改变，而负面的认知反应和产生的对信息来源的怀疑会带来消极的反对性论点，阻止态度改变甚至会强化对立观点。具体地，在正面认知反应带来积极的支持性论点的情况下，个体接收并接受信息，并将这种信息用于判断，相应地，个体意见发生变化（Olson，Toy，and Dover，1982；Wright，1973）；在负面认知反应导致消极的拒绝性论点的情况下，出现信息拒绝行为（McGuire，1964；Wright，1973），个体观察到信息但并不处理信息，个体的意见也不因为信息而发生变化（Kelman，1953）。这意味着，在个体产生负面认知反应的情境下，说服性信息很难取得良好的效果（Festinger and Nathan，1964）。

当社交媒体平台上的评论信息采用不相关的评论时，由于投资者本身无法从不相关评论中获取信息，因此，语言不相关性会导致投资者产生消极的拒绝性观点。这些观点包括评论人发布的评论缺乏见解、评论人没有进行谨慎的思考和判断、评论人不愿意为自己的言论负责、评论具有随意性。根据认知反应理论，负面的认知评论会导致信息接收者产生消极观点，出现信息拒绝行为，这意味着信息接收者观察到信息但不在决策中对这部分信息赋予权重，信息不具有说服力（Wright，1973；Cook，1969）。因此，当社交媒体平台上的评论信息采用不相关的评论时，即使不折叠评论，不相关的评论产生的不良感受和由此导致的消极认知也会让投资者在心理上屏蔽这部分信息，表现为虽然观察到不相关的评论，但不会在决策与判断中对不相关的评论赋予权重。这种投资者在心理上对不相关的评论的拒绝与公司在社交媒体平台上折叠不相关的评论的行为具有同等效用，其结果都是评论被忽略（心理拒绝或公司评论折叠、系统评论折叠），不相关的评论内容不会对投资者的判断与决策产生附加影响。因此，我们认为，当社交媒体平台上的评论信息采用不相关的评论时，在评论折叠（包括系统评论折叠和公司评论折叠两种情况）和评论不折叠两种情况下，投资者做出的投资判断可能没有差异。

根据以上分析，本书提出假设3。

**假设3：**当社交媒体平台上的评论信息采用不相关的评论时，在评论折叠和评论不折叠两种情况下，投资者做出的投资判断可能没有差异。

## 二　采用相关的评论时评论折叠行为与投资者投资判断

前述理论分析认为，当评论信息采用不相关的评论时，在评论折叠和评论不折叠两种情况下，投资者做出的投资判断可能没有差异。但是在评论信息采用相关的评论时，由于投资者并不会出现信息拒绝行为，因此在系统评论折叠、公司评论折叠、评论不折叠三种情况下，投资者做出的投资判断没有差异这一关系可能并不成立。

根据人际欺骗理论，人们相互之间的信任产生于沟通上的真诚和坦率，当信息发送者通过隐瞒、篡改、含糊其词、误导、夸大、歪曲等方式，故意传播能够导致信息接收者产生错误信念或者结论的信息时，信息接收者会经历怀疑，表现出负面情绪、认知努力和试图控制行为，并最终影响对信息发送者可信性的判断，具体表现为当信息接收者怀疑受到欺骗时，感知到的信息发送者的可信性会降低，同时，信息发送者会对自己的行为做出相应调整（Buller and Burgoon，1996）。

社交媒体平台具有双向交流的特征，在实践中，当评论信息内容采用相关的评论时，评论人使用得体的语言阐释自己的观点和看法，对公司的业绩、社会责任、企业未来发展等做出评价。面对相关的评论内容，投资者并不会表现出面对不相关的评论时可能出现的信息拒绝行为。当公司折叠相关评论时，投资者会认为公司试图隐瞒部分有用信息，不愿意让投资者看到其他评论人的观点，甚至会认为这部分被折叠的评论之所以会被公司折叠是因为评论人说了真话，戳中了公司的痛点，公司因不愿意让投资者看到真实的公司状况而采取了折叠行为。根据人际欺骗理论，投资者一旦感知到公司试图控制、隐瞒部分或者全部评论信息，投资者感知的公司的坦率性和可信性就会下降，进一步地，最终感知到的可信性的下降会导致较低的投资意愿（Triki，2019）。因此，在采用相关的评论时，相比于不折叠评论，在公司评论折叠的情况下，投资者的投资意愿更低。接下来分析投资者的投资判断在公司评论折叠和系统评论折叠两种情况下的差异。

当社交媒体平台采用相关的评论时，公司评论折叠与系统评论折叠两种情况的差异在于：投资者的归因产生差异。

我们基于三维归因理论分析在公司评论折叠和系统评论折叠的情况下，投资者的信息判断和投资决策过程。实践中，之所以会出现系统评论折叠的情况，源自社交媒体平台的开发设计。一旦评论内容过多，系统自动进行评论折叠，并在评论区出现相应的折叠提示。这些提示信息可以用来判断评论折叠行为的归因。系统评论折叠行为具有一贯性高的特征。因此，在系统评论折叠的情况下，评论折叠行为具有一致性高、区别性高、一贯性高的特征。根据三维归因理论，除了在一致性低、区别性低、一贯性高的情况下，原因解释归因于内部外，在其他情况下，原因解释均更可能来自外部，即归因于刺激物或事件或行为所处的背景或情境状态。Martinko 和 Thomson（1998）则明确指出，在一致性高、区别性高、一贯性高的情况下，行为或事件的产生可以被归因于刺激物。因此，在系统评论折叠的情况下，一致性高、区别性高、一贯性高的信息特征表明，系统评论折叠行为和发布者

（公司）无关，而折叠提示进一步表明，是因为评论数量过多，所以系统对其进行了折叠。因此，在系统评论折叠的情况下，将评论折叠行为归因于刺激物（评论数量超过了系统设置的参数限额）。因果推断直接影响个体对事件或目标物体的态度或行为反应（Weiner，2008；Lee et al.，2020；Heider，1958）。因此，将系统评论折叠行为归因于评论信息本身意味着投资者并不会因为评论内容被折叠而产生对公司的积极或者消极评价，系统评论折叠是社交媒体为了营造良好问答氛围的结果，其目的正当且行为合理。此时，投资者的投资判断在评论折叠和评论不折叠两种情况下并不会产生显著差异。

但是在公司评论折叠的情况下，一致性低、区别性低、一贯性高特征表明折叠归因于内部，即信息发布者（公司）。评论折叠引发投资者对公司动机的怀疑，由此产生负面的认知反应。

基于以上分析，当社交媒体平台上的评论信息采用相关的评论时，由于相比于系统折叠评论，公司评论折叠带来更多的负面认知，因此，在其他条件不变时，当社交媒体平台上的评论信息采用相关的评论时，相对于评论不折叠和系统评论折叠，在公司评论折叠的情况下，投资者判断的投资吸引力更低。

综合以上分析，本书提出假设4。

**假设4：**当社交媒体平台上的评论信息采用相关的评论时，相对于评论不折叠和系统评论折叠，当公司进行评论折叠时，投资者判断的投资吸引力更低。

## 第五节　评论折叠行为、评论性质影响投资者判断与决策的中介效应分析

除验证自变量和因变量之间的因果关系之外，社会学和心理学研究的一个关键目标是理解自变量影响因变量的具体心理过程（MacKinnon, Fairchild, and Firtz, 2007; Rucker, Fairchild, and Firtz, 2011; James and Brett, 1984; Judd and Kenny, 1981）。中介效应分析是检验自变量和因变量之间关系的过程中不可或缺的一部分（MacKinnon, Fairchild, and Firtz, 2007），因此中介效应模型作为一种有效验证自变量、中介变量、因变量三者之间关系的统计方法，被广泛应用于心理学和社会学研究领域（Shrout and Bolger, 2002; Spencer, Zanna, and Fong, 2005; 温忠麟、叶宝娟，2014）。在中介分析中，首要的是要通过理论分析检验自变量和因变量之间是否存在中介效应、存在多少个中介变量，针对自变量和因变量之间关系的理论分析将能够帮助研究人员决定是否需要进行中介分析以及如何进行中介效应模型选择的问题（Rucker et al., 2011; Schoemann and Boulton, 2017; Baron and Kenny, 1986; Hayes, 2009）。基于此，本书根据前述公司在社交媒体平台上的评论折叠行为对投资者投资判断产生影响的理论分析，借鉴人际欺骗理论提出具体的评论折叠行为影响投资者投资判断的中介效应模型。

传播学的人际欺骗理论指出，信息发送者和接收者之间的信任建立于沟通的真诚性和坦率性以及良好的可信性之上（Buller

and Burgoon，1996）。当信息发送者以隐瞒、篡改、含糊其词、误导、夸大、歪曲等方式故意传播能够导致信息接收者产生错误信念或者结论的信息时，信息接收者会对信息发送者产生怀疑，并对其真诚、坦率的程度产生怀疑，信息接收者感知到的信息发送者的可信性也会有所下降，最终，这些负面认知会导致信息接收者对自己的行为做出相应调整。社交媒体平台信息共享和沟通也具有人际沟通交流的特征（Zhou，Wu，and Zhang，2014；Burgoon et al.，2003；Li et al.，2020），因此，本书将人际欺骗理论应用于研究背景中。当公司在社交媒体平台上进行评论折叠时，投资者会认为公司在社交媒体平台上通过隐瞒部分或者全部评论内容的方式，改变投资者可以直接看到的评论界面。此时，投资者会怀疑公司试图通过评论折叠的方式控制和改变投资者能够看到的评论内容。公司的评论折叠行为成为一条欺骗线索，投资者经历怀疑，并会认为公司在社交媒体平台的沟通互动中不够坦率和真诚。坦率的沟通交流才能获取对方的信任，感知到的坦率性越高，可信性越高；感知到的坦率性越低，可信性越低（Wamsiedel，2020）。因此评论折叠行为首先影响了投资者感知的公司的坦率性，并进一步影响投资者感知到的公司的可信性。Harmon 和 Coney（1982）指出个体产生的可信性认知会影响信息的说服力并进一步影响个体的判断与决策（Sharma，1990）。Triki（2019）的研究表明，由感知到的可能的欺骗所引起的可信性下降会导致较低的投资意愿。相关研究也表明，可信性与投资者投资判断存在密切关系。Sekerci 等（2022）在对家族企业和非家族企业的 CSR 披露中指出，可信性在一定程度上象征着一个公司的诚实程度，投资者感知的可信性越高，对公司消息的评估越积极，对公司股票的估值也越高，反之，如果投资者认为公司不可信，则对公司消息的评估越消极，对公司股票的估值也越低。Rapley、Robertson 和 Smith（2021）的研究认为关键审计事项披露对投资者意图的影响被管理层披露的可信性中介，即关键审计事项披露与投资者感知的管理层披露的可信性呈负相关，投资者感知的管理层披露的低可信性进一步降低了投资者的投资倾向。

综合以上分析，根据人际欺骗理论和与可信性相关的理论分析，本书预期，公司在社交媒体平台上的评论折叠行为对投资者投资判断的影响先后被投资者感知的公司的坦率性和投资者感知的公司的可信性中介。自变量、中介变量和因变量的关系如图 3-1 所示。

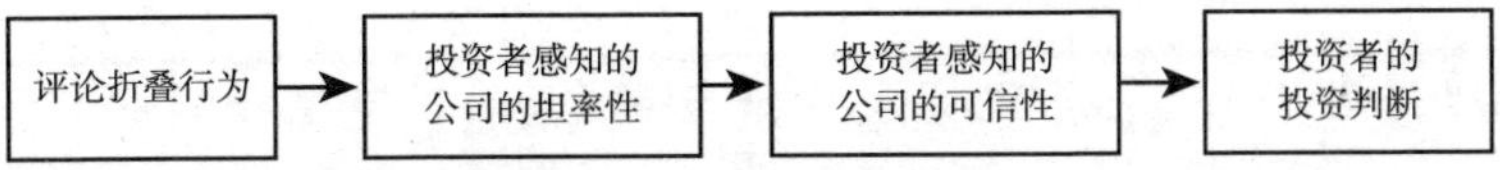


**图 3-1　社交媒体评论相关时的中介关系**

综合以上分析，本书提出以下针对中介效应的假设 5。

**假设 5：**当社交媒体平台上的评论信息采用相关的评论时，评论折叠行为对投资者投资判断的影响，先后被投资者感知的公司的坦率性和投资者感知的公司的可信性中介。

# 第四章　个体投资者判断与决策实验设计概述

实验是人为控制自变量并观察由此带来的因变量变化的科学研究。实验结果既可以证实理论，也能够纠正错误的理论，因此对科学发展做出了重要贡献。

实验研究不仅在生物、物理、化学等自然科学的迅猛发展中起到了重要的推动作用，也为社会科学研究的发展贡献了力量。在心理科学发展的过程中，虽然实验心理学仅为美国心理学会（American Psychological Association）的 49 个分支之一，但各分支领域的绝大多数心理学家都在研究中采用实验方法（Kantowitz，2010），充分体现了实验研究在心理学领域应用的普遍性。在经济学领域，Cham-berlin 于 1948 年在哈佛大学课堂上开展的供给和需求实验研究，开启了实验经济学研究的序幕。此后，Chamberlin 的学生史密斯将实验方法规范化，进一步确立了实验研究方法在主流经济学中的地位。

当前，无论是心理学、经济学领域，还是会计以及审计领域，实验研究都已经成为主要的研究方法之一。财务会计领域的研究主要关注财务报告披露所涉及的各利益方之间的沟通与互动，以及政府等监管机构在其中发挥的作用（Libby，Bloomfield，and Nelson，2002）。这中间有很多研究都涉及财务报告编制者和使用者的判断与决策，能够运用实验研究方法对其影响机制和结果开展研究。学者们自20世纪六七十年代起，不断完善此领域研究的实验设计，并加强理论支撑，形成了大量的能够解释并推动财务会计领域实践的实验研究成果。

在信息披露领域，信息披露主体的判断与决策行为如何影响个体投资者的投资判断与决策是理论界和实务界共同关注的问题。而实验研究方法具有能够获取判断与决策中间过程的有用数据，进而打开个体判断与决策过程"黑匣子"的独特优势，其也成为学者们积极运用的重要研究方法之一。自20世纪60年代至今，实验研究方法一直被广泛用于个体投资者判断领域的研究中，并出现了大量的优秀研究成果。可以说，实验研究方法在个体投资者判断领域研究中的运用具有相当的普遍性和成效。这是因为相对于其他研究方法，实验研究方法在研究行为领域的问题时具有以下优势。

首先，就方法论而言，相对于其他研究方法，实验研究方法能够保证研究结果的内在有效性。内在有效性，即自变量和因变量在本质上存在因果关系。内在有效性是衡量一项研究好坏的重要标准。一项好的研究要求能够最大限度地衡量自变量和因变量的因果关系并排除其他可能的解释，实验方法通过对研究变量的系统性操控、对干扰变量的控制和随机化过程，保证在对所研究变量进行有效、可靠操控的同时对非研究变量进行控制，排除干扰变量和其他无法度量或观测变量的可能影响，控制研究结果存在的其他解释。随机化和对变量的系统性控制最大限度地保证了因变量的变化取决于自变量的变化，即所研究变量之间的因果关系是准确、真实、有效、可靠的。

其次，就研究内容而言，实验方法可以帮助探索个体或群体行为是否符合或者偏离相关理论（Knauer et al.，2021）。不同于其他研究，实验研究建立在有效的理论基础之上，其目的往往是通过良好的实验设计，考察个体或者群体行为是否符合或者偏离了某一理论，并从中得出有意义的现实结论，从而对实践或者理论做出贡献。实验研究具有一定的可塑性，研究人员可以根据不同的情况设定不同的实验过程或者对研究变量进行更改、添加、操控，这种变量操控和实验过程的灵活性能够满足不同理论验证的要求。

最后，由于良好的可观测性，在实验研究中，研究内容和结果可以与潜在的心理学构念紧密联系在一起，这不仅能够在自变量和因变量之间建立强烈的因果联系，也能够验证自变量影响因变量的原因和具体过程，尤其是在需要深入了解和探索自变量影响因变量的心理学机制和路径时，实验研究无疑提供了极大的便利和实用性（Knauer et al.，2021）。

本书之所以采用实验研究方法，具有以下原因。

首先，抖音、淘宝等平台上的评论折叠行为作为一种公司在社交网络平台上的信息控制行为，很难对其进行定量度量，公司层面的数据信息难以获取，因此难以使用档案式研究方法。

其次，抖音、淘宝等平台上的信息具有多样性，内容繁杂，原始信息存在差异，不同公司的评论人和评论信息也存在差异，用档案研究的方法很难完全控制存在潜在影响的变量，保证信息一致性是一个难题，这意味着采用档案式研究方法呈现的研究结果并不能有效、可靠地验证评论折叠行为与投资者投资判断之间的因果关系，内在有效性存疑。

最后，相对于档案式研究方法，实验研究方法在研究自变量影响因变量的具体路径层面具有很大优势。本书的研究内容属于行为领域，采用实验研究方法能够取得个体层面的数据，可直接度量影响投资者投资判断与决策的具有心理学性质的中介变量，中介效应的研究能够帮助我们探讨评论折叠行为和评论性质共同影响个体投资者判断与决策的具体路径。因此，本书采用实验研究方法验证公司在社交媒体平台上的评论折叠行为和评论性质对投资者投资判断的影响。

本章介绍具体的实验设计，分为以下三个部分：第一节，介绍实验设计和实验选用研究对象的具体情况；第二节，介绍实验任务和具体的实验过程；第三节，介绍本书研究问题所涉及的自变量、因变量以及中介变量的具体操控和测量。

## 第一节　个体投资者判断与决策实验设计及实验选用研究对象介绍

### 一　个体投资者判断与决策实验设计概述

目前使用的实验设计方法有三类：被试间实验设计（Between-Subjects Design）、被试内实验设计（Within-Subjects Design）、被试间和被试内混合实验设计（Mixed Factorial Design）。被试间实验设计要求在对被试分组后，不同组的被试分别接受不同自变量水平的处理，通常一组被试只接受一个自变量水平的处理，而另一组被试接受另一个自变量水平的处理，而当存在多个组自变量水平的组合时，一组被试接受一组多个自变量水平组合的处理，而另一组被试接受另外一组多个自变量水平组合的处理。被试间实验设计具有以下特征。第一，比较在不同被试之间产生。第二，不会产生学习效应和需求效应。由于每位被试只接受一种实验处理，其他的实验处理不会污染或者影响被试的感知，避免了学习效应和需求效应的产生（张继勋，2008）。第三，相对于被试内实验设计，被试间实验设计所需时间更短，实验材料不存在顺序问题，避免了被试疲劳和顺序效应所导致的实验误差问题。被试内实验设计则要求所有被试接受不同自变量或者不同自变量水平的处理，这意味着比较产生于被试内部且相对于被试间实验设计，在被试内实验设计中，被试对变量更敏感。由于在被试内实验设计中，每位被试都要接受所有实验组自变量的处理，不可避免会出现前面的实验材料污染后面的实验材料的问题，导致疲劳、学习效应和顺序效应的问题，会影响实验误差。被试内实验设计一般用于被试不足或者特定的心理学研究领域。被试间和被试内混合实验设计适用于既包括被试间因素又包括被试内因素的研究中。

由于本书所研究的问题涉及的变量类型与被试内实验研究领域无关，为规避学习效应和需求效应，保证自变量和因变量的因果联系，我们采用 3×2 的被试间实验设计（见表 4-1）。自变量分别为公司在社交媒体平台上的评论折叠行为和评论性质。其中，社交媒体平台上的评论折叠行为具有三种情况，分别为：系统评论折叠、公司在社交媒体平台上的评论折叠（即公司评论折叠）和社交媒体平台上的评论不折叠（即评论不折叠）。评论性质有两种情况，分别为：评论信息采用不相关的评论和评论信息采用相关的评论。

**表 4-1 实验设计**

| 社交媒体平台评论折叠行为 | 相关的评论* | 不相关的评论* |
| --- | --- | --- |
| 系统评论折叠 | ① | ④ |
| 公司评论折叠 | ② | ⑤ |
| 评论不折叠 | ③ | ⑥ |

*①、②、③、④、⑤、⑥为实验组的编号；实验组①中系统评论折叠且评论性质为相关的评论；实验组②中公司评论折叠且评论性质为相关的评论；实验组③中评论不折叠且评论性质为相关的评论；实验组④中系统评论折叠且评论性质为不相关的评论；实验组⑤中公司评论折叠且评论性质为不相关的评论；实验组⑥中评论不折叠且评论性质为不相关的评论。

## 二 个体投资者判断与决策实验选用对象介绍

选择恰当的实验被试是保证实验有效性的前提之一（Libby, Bloomfield, and Nelson, 2002）。在针对审计师、首席财务官、分析师的研究中，由于需要做出专业判断，被试需要具备一定的专业背景（Hobson et al., 2017；Bennett and Hatfield, 2018；Emmanuel, Garrod, and Frost, 1989；Brazel et al., 2016；Pyzoha, 2015）。与这部分研究不同的是，针对个体投资者的实验研究中，更关注被试是否具有工作经验、是否具有完成实验所需的知识和能力（Libby,

Bloomfield, and Nelson, 2002; Brown, 2014; Elliott et al., 2007)。Libby、Bloomfield 和 Nelson（2002）指出，在关于个体投资者判断与决策的实验研究中，要求被试的知识与实验任务相匹配，不需要使用知识水平比实验任务要求更高的被试，因此，所有具有能够理解实验材料相关知识的被试都可以作为个体投资者的替代。相关研究表明，会计学专业硕士和工商管理硕士都是合适的个体投资者的替代（Elliott et al., 2007; Koonce, Leitter, and white, 2019; Maines and McDaniel, 2000）。Elliott 等（2007）指出，由于具有工作经验和财务管理、会计、审计知识，工商管理硕士（MBA）可以作为个体投资者的替代。Koonce、Leitter 和 White（2019），Maines 和 McDaniel（2000），Hales、Kuang 和 Venkataraman（2011），以及 Fanning、Agoglia 和 Piercey（2015）在实验中将工商管理硕士作为被试；Brown（2014）在研究移动设备使用对投资者投资判断的影响中，将商科研究生作为被试（包括会计学、财务学硕士和工商管理硕士）。Han 和 Tan（2010）采用实验研究方法研究管理层发布的盈余公告对投资者投资判断的影响，所选被试来自财务管理专业的硕士。Elliott、Hodge 和 Sedor（2012）采用实验研究方法研究管理层使用视频发布盈余公告对投资者投资判断的影响时，所选被试为修过财务报表分析课程的硕士。因此，选择有工作经验的专业会计硕士（MPAcc）作为研究的被试是恰当的。

本书研究公司在社交媒体平台上的评论折叠行为和评论性质对投资者投资判断的影响，不涉及专业判断。本研究以公司在社交媒体平台上的公司信息披露为背景，涉及一定的会计信息披露知识，因此具备一定的会计、财务、投资相关知识的被试能够保证实验的正常进行，工商管理硕士和专业会计硕士具备与本书相匹配的知识和理解能力，能够理解本书的研究背景和实验材料，他们可以根据实验材料进行判断并做出投资决策。因此，将工商管理硕士和会计学专业硕士作为被试是恰当的。

本实验采用的被试是拥有一定工作经验的会计学专业硕士和工商管理硕士。具体而言，本书实验的被试来自国内某重点大学商学院有工作经验的专业会计硕士和工商管理硕士，总共 192 人，其中，男性被试 75 人，占比为 39.06%，女性被试 117 人，占比为 60.94%。被试的平均年龄为 28.14 岁，最大年龄为 45 岁，最小年龄为 22 岁；平均工作年限为 5.39 年；所修财务与会计相关课程平均为 6.25 门；投资过股市或计划投资股市的被试为 178 人，占比为 92.71%。人口统计信息表明，本书被试具备一定的工作经验和投资经验，拥有与研究任务相匹配的会计、财务、投资知识，所选择被试能够满足本书的研究要求。

## 第二节　个体投资者判断与决策实验任务及过程

### 一　个体投资者判断与决策实验任务概述

本书主要研究公司在社交媒体平台上的评论折叠行为和评论性质对投资者投资判断的影响，因此本实验采用 3×2 的被试间设计。在进行实验的初始阶段，被试被随机分配到六组中的任意一组中。这六组分别是系统评论折叠/评论信息采用不相关的评论、系统评论折叠/评论信息采用相关的评论、公司评论折叠/评论信息采用不相关的评论、公司评论折叠/评论信息采用相关的评论、评论不折叠/评论信息采用不相关的评论、评论不折叠/评论信息采用相关的评论。在被试间实验设计中，随机化的目的是确保每名被试被分到不同实验组的概率均等，被试被随机分配到各个实验组且只能看到自己所属分组的实验材料，在本实验中，被试只能看到自己被随机分配到的六组中的一组的实验材料。

在实验中，被试阅读自己所属分组的实验材料。每名被试假设自己是一名潜在的投资者，首先他们阅读关于上市公司 A 公司的资料，包括公司背景信息和财务信息，财务信息包括简化的资产负债表和简化的利润表。这些信息在真实的决策环境中属于决策有用信息且实验中上市公司 A 公司的资料信息均来自真实的上市公司，保证实验在一个最大化模拟真实决策环境的情景下进行，以保证被试不会感觉脱离实际。被试在阅读上市公司 A 公司的资料后，将会阅读该公司的社交媒体平台信息，这部分内容包括本实验中对两个自变量的操控。除此之外，为了保证自变量和因变量的因果联系，除对评论折叠行为和评论性质的操控存在被试间差异之外，每名被试看到的其他信息完全一致，信息一致性保证了被试间因变量的差异可以归因于评论折叠行为和评论性质的差异，保证自变量和因变量的因果关系，保证研究的内部有效性。

阅读完实验材料所提供的上市公司 A 公司的相关信息之后，被试回答实验问题。实验问题包括了对因变量、中介变量的度量。因变量投资者的投资判断和决策具体包含三个方面：投资吸引力、股票估值和投资金额。被试回答完实验问题之后，将回答人口统计学问题。

同时在本实验中考虑了实验研究的伦理原则，具体内容如下。

第一，保障参与者的知情同意权。参与者的知情同意权指的是，心理学实验的参与者有权利了解实验目的和内容，并仅在自愿同意的情况下参与实验。为了较好地保障参与者的知情同意权，研究者在实验进行之前必须如实告知参与者研究的目的、程序、特点，以及是否包括可能导致有害影响的内容。本实验中切实履行这项义务。

第二，保证参与者退出的自由。尽管参与者可能在研究的一开始同意了参与此项研究，但随着实验的进行，他们可能认为不再适合继续参与。此时，研究者必须尊重参与者的自由，允许参与者在任何时候放弃或退出实验。参与者应当被告知自己有权利随时选择放弃参与实验。

第三，保护参与者免遭伤害。保护参与者免遭伤害的原则要求研究人员在实验进行中和完成后，都必须确保参与者不会因为实验而产生任何不良反应。在实验进行过程中，研究者必须对参与者的状态保持密切注意，就研究计划可能产生的未曾预料的后果及时做出反应，随时准备向参与者提供帮助和建议。

第四，保密原则。研究人员在未经参与者许可的情况下，不应当泄露参与者的个人信息，以及参与者在实验中的任何表现。此外，除了在研究中对参与者的判断与决策数据进行分析、获得研究结论以外，实验结果不得用于其他目的。

## 二　个体投资者判断与决策实验过程概述

实验在专业会计硕士和工商管理硕士的教学课堂上进行。实验在所有被试不知道实验内容和实验意图的情况下进行。两名实验人员将实验材料随机分发给参加实验的被试，在被试完成实验之后，实验人员立刻收回实验材料。在整个实验过程中，实验人员强调并监督被试独立完成实验，不得进行沟通交流。具体过程如下。

首先，被试阅读并签署实验知情同意书。在实验知情同意书中，被试被告知在整个实验过程中假设自己是一名潜在的投资者，上市公司 A 公司为此次实验的投资对象。在签署实验知情同意书之后，被试开始阅读 A 公司的相关资料信息：第一部分为上市公司 A 公司的背景信息和财务信息，其中，财务信息包括简化的资产负债表和简化的利润表两部分；第二部分是上市公司 A 公司的社交媒体平台信息。在背景信息中，告知被试 A 公司是一家制造业上市公司，并进行了 A 公司主要业务的描述。A 公司简化的资产负债表和简化的利润表时间区间为 20×1 年和 20×2 年，提供了 A 公司基本的财务状况信息。第一部分背景信息是为被试提供上市公司 A 公司的基本情况，这些信息将在投资判断过程中作为有用信息使用。第二部分是上市公司 A 公司的社交媒体平台信息，社交媒体平台信息包括原始社交媒体信息、原始评论和被折叠的评论（如有）三部分。该部分内容包括了对本书所研究问题中关注的两个自变量的操控。除此之外，为了模拟真实投资情景，上市公司 A 公司原始社交媒体信息、原始评论、被折叠的评论、社交媒体页面设计均来自真实的社交媒体平台信息。

阅读完实验材料后，被试回答与投资判断、中介变量有关的问题，并简要解释做出判断的理由。与中介变量有关的问题包括投资者感知的公司坦率性和投资者感知的公司可信性。与其他可能的解释有关的问题包括投资者感知的公司行为符合预期的程度和投资者的惊讶程度。除此之外，被试回答操控性检验问题，填写人口统计信息。整个实验耗时 15 分钟左右。

# 第三节　个体投资者判断与决策实验自变量及因变量介绍

## 一　个体投资者判断与决策实验自变量

本实验包括两个自变量，分别是公司在社交媒体平台上的评论折叠行为和评论性质。其中公司在社交媒体平台上的评论折叠行为分为三种情况，分别为：系统评论折叠、公司评论折叠和评论不折叠。评论性质分为两种情况，分别为：评论信息采用不相关的评论和评论信息采用相关的评论。

### （一）公司在社交媒体平台上的评论折叠行为

对公司在社交媒体平台上的评论折叠行为的操控，采用的是模拟实践的方式。在实践中，公司在社交媒体平台上的评论折叠行为可以分为三种情况，分别是系统评论折叠、公司评论折叠和评论不折叠。这三种方式的区分涉及两个层面：是否出现评论折叠提示和评论信息是否被直接列示。因此，在公司评论折叠组，公司发布的原始信息中出现评论折叠的情况，该行为被提示为公司做出的；在系统评论折叠组，公司发布的原始信息中出现评论折叠提示，不进行其他提示；在评论不折叠组，没有出现评论折叠的情况，所有评论被直接列示在原始信息后。实验中的信息内容均来自实际的公司社交媒体平台。由于被试采用国内被试，考虑到国内以微博作为信息披露的主要社交媒体平台，实验材料中社交媒体平台页面展示格式模拟了微博平台的页面展示格式，对公司在社交媒体平台上的评论折叠行为的操控方式最大限度地模拟了真实的判断与决策环境。

### （二）评论性质

本书研究的另一个自变量是评论性质，分为两种情况，分别是评论信息采用不相关的评论和评论信息采用相关的评论。这部分操控也是基于现实背景。具体地，实验中的评论信息均来自真实的社交网络平台中的评论信息。首先，选择社交媒体平台上的真实评论信息；其次，对这些评论信息进行分类处理，分为评论性质相关和不相关两组；最后，选择表达的字数最为相近的配对组作为实验材料中所使用的评论信息。这样做的目的是最大限度地保证被试面对的实验场景来自真实的决策环境且避免信息长度差异，保证实验结果的内部有效性和外部有效性。

## 二　个体投资者判断与决策实验因变量

本书主要研究公司在社交媒体平台上的评论折叠行为和评论性质对投资者投资判断的影响。在实验研究中，目前常用的度量投资者投资判断的指标有三个，分别为：投资者判断的投资吸引力、投资者的股票估值以及投资者分配的投资金额。在这三个实验度量指标中，投资者判断的投资吸引力是当前行为会计研究中最常用于度量投资者投资判断与决策的实验指标（Grant，Hodge，and Sinha，2018；Rennekamp and Witz，2021；Eilifsen，Hamilton，and Messier，2021；Tang and Venkataraman，2018；Cikurel，Fanning，and Jackson，2021）。Asay 和 Hales（2018）在研究警告性免责说明对投资者投资判断的影响时，使用了投资者判断的股票估值作为因变量；Brown、Elliott 和 Grant（2018）在研究盈余公告突出列示 Non-GAAP 信息与图像性质对投资者投资判断的影响中，使用投资者的估值判断度量投资者的投资决策；Elliott、Fanning 和 Peecher（2020），Brown、Grant 和 Winn（2020）以及 Johnson 等（2020）在研究中使用了投资者的估值判断来度量投资者判断。除此之外，Clor-Proell、Guggenmos 和 Rennekamp（2020）在研究通过移动设备应用程序传播的信息如何影响非专业投资者的判断中，将投资者分配的投资金额作为因变量，在研究中使用了投资者分配的投资金额作为因变量的还有 Emett（2019），Elliott、Fanning 和 Peecher（2020）以及 Guiral 等（2020）。基于此，在本书中，我们同时使用了投资者判断的投资吸引力、投资者判断的股票估值和投资者分配的投资金额三个指标来度量投资者的投资意愿，并在前述章节部分汇报投资吸引力作为因变量时的实验结果，将投资者判断的股票估值和投资者分配的投资金额作为因变量进行附加检验和稳健性分析。

本实验中，被试被告知自己在本实验中的角色是一名 A 公司潜在的投资者，在被试阅读完实验材料之后，依次对公司的投资吸引力、股票估值和投资金额做出判断。具体来说，在询问投资者判断的投资吸引力时，参考 Hodge（2001）、Tan 和 Yu（2018）的研究，要求被试在 11 分量表中就问题“您认为，A 公司的投资吸引力有多大?”做出回答，其中 0 分代表一点也没有吸引力，10 分代表非常有吸引力；在询问投资者判断的股票估值时，参考 Brown 等（2019）、Koonce 和 Lipe（2010）的研究，要求被试回答问题“您认为，A 公司恰当的普通股估值是多少?”，同样采用 11 分量表，其中 0 分代表非常低，10 分代表非常高；在询问投资者分配的投资金额时，参考 Elliott（2006）、Elliott 等（2017）的研究，要求被试回答“假如您有 100000 元投资一只股票，这 100000 元中您将投资多少用于购买 A 公司的股票?”，采用 100001 分的量表，其中 0 分代表一点也不投资，100000 分代表投资全部金额。

## 三　个体投资者判断与决策实验中介变量

为检验公司在社交媒体平台上的评论折叠行为和评论性质对投资者投资判断产生影响的具体过程，本实验在测量因变量的基础上，测量了中介变量，具体内容如下。

### （一）投资者感知的公司坦率性

根据人际欺骗理论与风险感知理论，在投资者感知到公司存在隐瞒信息行为时，投资者会对公司的坦率性做出较低的评价。对于投资者感知的公司坦率性，询问参加实验的被试“您认为，A 公司在社交媒体上进行沟通的坦率程度如何?”，采用 11 分量表，其中 0 分代表一点也不坦率，10 分代表非常坦率。

### （二）投资者感知的公司可信性

由于投资者感知的公司坦率性会影响投资者感知的公司可信性，对公司可信性的评价越高，则投资者的投资意愿越高，反之投资者的投资意愿越低，因此我们同时度量了投资者感知的公司可信性。对于投资者感知的公司可信性的判断，我们询问被试，“您认为，A 公司在社交媒体上的沟通中，管理层的可信程度如何?”，采用 11 分量表，其中 0 分代表一点也不可信，10 分代表非常可信。

# 第五章　评论折叠影响个体投资者判断与决策的实验结果分析

本章在分析实验被试人员的随机化情况和人口统计信息的基础上，以实验数据分析和检验公司在社交媒体平台上的评论折叠行为和评论性质对投资者投资判断的影响，并在验证评论折叠行为和评论性质单独和共同对投资者投资判断产生影响的基础上，对评论折叠行为和评论性质影响投资者投资判断的中介路径进行了检验。

本章包括以下三部分内容。第一节，实验的随机化检验与操控性检验。此节包括三部分内容，首先分析了所有被试的人口统计学信息，目的是检验被试是否具有完成实验所需要的知识和投资经验。其次进行随机化检验，目的是检验被试在六组实验组的分布是否随机，随机化检验是检验实验有效性的必要过程，无法通过随机化检验意味着被试参与任何一个实验组的概率不同，实验过程存在问题。最后是操控性检验，包括两部分：对自变量社交媒体平台上的评论折叠行为（公司评论折叠、系统评论折叠和评论不折叠）和评论性质（评论信息采用不相关的评论和评论信息采用相关的评论）进行操控性检验。操控性检验通常是进行进一步实验结果分析的前提，如果研究变量无法通过操控性检验，则说明实验失败，实验结果将无法满足实验目的。随机化检验和操控性检验通过则为后续实验结果分析提供保证。第二节是实验结果分析，这部分检验和分析公司在社交媒体平台上的评论折叠行为、评论性质对投资者判断的单独和共同影响。第三节是中介效应分析，应用三步法和结构方程模型检验和分析公司在社交媒体平台上的评论折叠行为和评论性质影响投资者投资判断的中间过程。

## 第一节　实验的随机化检验与操控性检验

### 一　实验被试分析

询问被试人口统计信息的主要目的是了解被试的特征，包括性别、工作经验、投资经验、修过的财务与会计相关课程数目等，为被试是否具有完成实验所必需的知识和投资经验提供证据。

#### （一）被试的性别和年龄

本实验被试来自专业会计硕士和工商管理硕士，共 192 人参加了实验。表 5-1 列示了被试性别的描述性统计，所有被试中 117 人为女性，占被试总数的 60.94%；75 人为男性，占被试总数的 39.06%，女性被试的比例要高于男性被试。表 5-2 列示了被试年龄的描述性统计，被试平均年龄为 28.14 岁，最小年龄为 22 岁，最大年龄为 45 岁。

**表 5-1　被试性别的描述性统计**

单位：人，%

| 性别 | $N$ | 所占比例 |
|---|---|---|
| 女性 | 117 | 60.94 |
| 男性 | 75 | 39.06 |
| 合计 | 192 | 100 |

资料来源：作者加工整理。

**表 5-2　被试年龄的描述性统计**

| | $N$ | 平均数 | 最小值 | 最大值 | 标准差 |
|---|---|---|---|---|---|
| 年龄 | 192 | 28.14 | 22 | 45 | 4.647 |

资料来源：作者加工整理。

## （二）被试的工作经验

参与本实验的被试为有工作经验的专业会计硕士和工商管理硕士，表 5-3 列示了被试工作经验的描述性统计，平均工作年限为 5.39 年，最少具有 0.50 年的工作经验，最长具有 17 年的工作经验。整体来看，被试的工作经验满足实验研究的要求。

**表 5-3　被试工作经验的描述性统计**

| | $N$ | 平均数 | 最小值 | 最大值 | 标准差 |
|---|---|---|---|---|---|
| 工作经验 | 192 | 5.39 | 0.50 | 17.00 | 4.306 |

资料来源：作者加工整理。

## （三）被试的投资经历

本实验主要检验公司在社交媒体平台上的评论折叠行为与评

论性质对投资者投资判断的影响，为保证投资者能够理解和顺利完成实验任务，需要被试有一定的投资经历。表 5-4 列示了被试投资经历的描述性统计，在所有参与实验的被试中，有 69 人在参加实验之前就有过投资的经历，占全部被试的 35.94%。有 123 人之前没有投资经历，在所有没有投资经历的 123 人中，有 109 人计划未来投资股市，占全部被试的 56.77%，不打算在未来投资股市的有 14 人，占全部被试的 7.29%。综合以上数据，在所有被试中，已经投资过股市和未来打算投资股市的被试共计 178 人，占参与实验总数的 92.71%，仅有 14 人没有投资经历且未来也不打算进行股市投资，占全部被试的 7.29%。所以我们认为，参与本实验的被试拥有一定的投资经历，能够理解和完成实验任务，满足本实验的要求。

**表 5-4　被试投资经历的描述性统计**

单位：人，%

| 是否投资过股市 | $N$ | 所占比例 |
|---|---|---|
| 已投资过股市 | 69 | 35.94 |
| 计划投资股市 | 109 | 56.77 |
| 不计划投资股市 | 14 | 7.29 |
| 合计 | 192 | 100 |

资料来源：作者加工整理。

### （四）被试所修财务与会计相关课程数量

本实验的实验材料由真实的公司简介、财务报告数据和社交媒体平台信息简化形成，财务报告数据在实践和实验中均属于决策有用信息，参与本实验的被试需要具备一定的财务与会计相关知识。表 5-5 列示了被试所修财务与会计相关课程的统计信息，被试所修的和财务与会计有关的课程最少为 1 门，最多为 26 门，平均为 6.25 门。综上所述，被试的知识水平能够满足实验要求。

表 5-5　被试所修财务与会计相关课程的描述性统计

| | *N* | 平均数 | 最小值 | 最大值 | 标准差 |
|---|---|---|---|---|---|
| 被试所修财务与会计相关课程 | 192 | 6.25 | 1 | 26 | 5.134 |

资料来源：作者加工整理。

## （五）被试对社交媒体的熟悉程度

本书研究社交媒体平台中的评论折叠行为与评论性质对投资者投资判断的影响，因此，被试需要熟悉社交媒体平台。在实验中，人口统计信息部分询问了被试对社交媒体平台的熟悉程度。我们首先询问了被试使用社交媒体的情况，具体来说，询问了被试对社交媒体的熟悉度和使用频率。如表 5-6 所示，只有 4 人没有听说过社交媒体，占全部被试的 2.08%，188 人听说过社交媒体，占全部被试的 97.92%。对于听说过社交媒体的被试，询问其“您多久使用一次社交媒体?”，被试在 11 分量表上进行选择，0 分表示一次也不使用，10 分表示非常频繁。表 5-7 列示了听说过社交媒体的被试使用社交媒体的具体情况，在听说过社交媒体的被试中，使用社交媒体的频率的均值为 1.207。综合以上结果，被试对社交媒体平台有一定的了解，能够理解实验材料内容，满足实验任务要求。

**表 5-6　被试听说过社交媒体的描述性统计**

| | N | 听说过 | 没有听说过 |
|---|---|---|---|
| 被试人数 | 192 | 188 | 4 |

资料来源：作者加工整理。

**表 5-7　被试使用社交媒体的频率的描述性统计**

| | N | 平均数 | 最小值 | 最大值 | 标准差 |
|---|---|---|---|---|---|
| 被试使用社交媒体的频率 | 188 | 1.207 | 1 | 10 | 2.077 |

资料来源：作者加工整理。

## 二　随机化检验

实验研究随机化的目的是对潜在不可观测变量和额外变量进行控制，以确保自变量与因变量之间的干净的因果关系。对实验研究的担忧是结果可能呈现的是被试特征，因此，为了保证实验结果没有受到被试特征的影响，我们对实验随机化的有效性进行验证。本实验采用 3×2 的被试间实验设计，实验共有六组。在实验中，被试被随机分配到六个实验组中的任意一组且仅能查看所在实验组的实验材料。

为了确保实验结果不会受到被试特征的影响，我们对实验随机化的有效性进行验证，若被试特征在六个实验组之间都不存在显著差异，则表明本实验随机化有效。鉴于变量特征不同，针对不同的人口统计学内容，采用不同的统计方法进行检验，具体而言，针对被试的性别、投资经历采用卡方检验进行随机化检验；针对被试的年龄、工作经验、所修财务与会计相关课程的数量采用方差分析进行随机化检验。

## （一）被试性别和年龄的随机化检验

表 5-8 是被试性别的列联表，表 5-9 是被试性别随机化检验的卡方检验结果。表 5-9 显示，不同实验组的被试性别之间不存在显著的差异（$\chi^2=6.020$，$p=0.304$），表明六组实验组被试的性别特征不存在差异，实验在被试的性别方面做到了随机化分组。

**表 5-8　不同实验组被试性别分析结果**

单位：人，%

| 实验分组 | | | 性别 | | 总计 |
|---|---|---|---|---|---|
| | | | 男 | 女 | |
| 评论不折叠 | 不相关的评论 | 计数 | 9 | 22 | 31 |
| | | 占比 | 4.69 | 11.46 | 16.15 |
| | 相关的评论 | 计数 | 18 | 15 | 33 |
| | | 占比 | 9.38 | 7.81 | 17.19 |
| 系统评论折叠 | 不相关的评论 | 计数 | 10 | 21 | 31 |
| | | 占比 | 5.21 | 10.94 | 16.15 |
| | 相关的评论 | 计数 | 14 | 18 | 32 |
| | | 占比 | 7.29 | 9.38 | 16.67 |
| 公司评论折叠 | 不相关的评论 | 计数 | 11 | 22 | 33 |
| | | 占比 | 5.73 | 11.46 | 17.19 |
| | 相关的评论 | 计数 | 13 | 19 | 32 |
| | | 占比 | 6.77 | 9.90 | 16.67 |
| 总计 | | 计数 | 75 | 117 | 192 |
| | | 占比 | 39.06 | 60.94 | 100 |

资料来源：作者加工整理。

**表 5-9　不同实验组被试性别随机化检验的卡方检验结果**

| | 值 | 自由度 | 显著性水平(双侧检验) |
|---|---|---|---|
| Pearson 卡方 | 6.020 | 5 | 0.304 |
| 似然比 | 5.995 | 5 | 0.307 |
| 有效案例中的样本量 N | 192 | | |

表 5-10 列示了不同实验组被试年龄的描述性统计，结果发现，不同实验组的被试年龄均值比较接近，在系统评论折叠/不相关的评论组被试的平均年龄为 27.581 岁；在系统评论折叠/相关的评论组被试的平均年龄为 28.063 岁；在评论不折叠/不相关的评论组被试的平均年龄为 28.613 岁；在评论不折叠/相关的评论组被试的平均年龄为 28.848 岁；在公司评论折叠/不相关的评论组被试的平均年龄为 27.424 岁；在公司评论折叠/相关的评论组被试的平均年龄为 28.313 岁。表 5-11 列示了被试年龄的方差分析结果，不同实验组被试年龄不存在显著差异（F = 0.468，p = 0.800），表明六组实验组被试的平均年龄不存在差异，实验在被试年龄方面做到了随机化分组。

**表 5-10　不同实验组被试年龄的描述性统计**

| 实验组 | N | 平均数 | 标准差 | 最小值 | 最大值 |
|---|---|---|---|---|---|
| 系统评论折叠/不相关的评论 | 31 | 27.581 | 5.500 | 22 | 39 |
| 系统评论折叠/相关的评论 | 32 | 28.063 | 3.537 | 22 | 35 |
| 评论不折叠/不相关的评论 | 31 | 28.613 | 4.580 | 23 | 36 |
| 评论不折叠/相关的评论 | 33 | 28.848 | 4.257 | 23 | 38 |
| 公司评论折叠/不相关的评论 | 33 | 27.424 | 4.610 | 23 | 41 |
| 公司评论折叠/相关的评论 | 32 | 28.313 | 5.349 | 23 | 45 |
| 合计 | 192 | 28.141 | 4.647 | 22 | 45 |

资料来源：作者加工整理。

表 5-11　不同实验组被试年龄的随机化检验结果

| 来源 | 平方和 | 自由度 | 均方差 | F 值 | p 值 |
|---|---|---|---|---|---|
| 组间 | 51.247 | 5 | 10.249 | 0.468 | 0.800 |
| 组内 | 4073.956 | 186 | 21.903 | | |
| 合计 | 4125.203 | 191 | | | |

## （二）被试工作经验的随机化检验

表 5-12 列示了不同实验组被试工作经验的描述性统计，结果表明，不同实验组的被试工作经验均值比较接近，在系统评论折叠/不相关的评论组被试的平均工作年限为 4.481 年；在系统评论折叠/相关的评论组被试的平均工作年限为 5.643 年；在评论不折叠/不相关的评论组被试的平均工作年限为 5.513 年；在评论不折叠/相关的评论组被试的平均工作年限为 5.990 年；在公司评论折叠/不相关的评论组被试的平均工作年限为 4.643 年；在公司评论折叠/相关的评论组被试的平均工作年限为 6.068 年。表 5-13 列示了被试工作经验的方差分析结果，不同实验组被试年龄不存在显著差异（F=0.784，p=0.563），表明六组实验组被试的平均工作年限不存在显著差异，本实验在被试的工作经验方面做到了随机化分组。

表 5-12　不同实验组被试工作经验的描述性统计

| 实验组 | *N* | 平均数 | 标准差 | 最小值 | 最大值 |
|---|---|---|---|---|---|
| 系统评论折叠/不相关的评论 | 31 | 4.481 | 4.357 | 0.50 | 14.50 |
| 系统评论折叠/相关的评论 | 32 | 5.643 | 3.602 | 0.50 | 13.33 |
| 评论不折叠/不相关的评论 | 31 | 5.513 | 4.648 | 0.83 | 14.50 |

续表

| 实验组 | $N$ | 平均数 | 标准差 | 最小值 | 最大值 |
|---|---|---|---|---|---|
| 评论不折叠/相关的评论 | 33 | 5.990 | 4.485 | 1.00 | 14.67 |
| 公司评论折叠/不相关的评论 | 33 | 4.643 | 4.378 | 0.50 | 17.00 |
| 公司评论折叠/相关的评论 | 32 | 6.068 | 4.369 | 0.83 | 15.83 |
| 合计 | 192 | 5.393 | 4.507 | 0.50 | 17.00 |

资料来源：作者加工整理。

**表 5-13 不同实验组被试工作经验的随机化检验结果**

| 来源 | 平方和 | 自由度 | 均方差 | F 值 | p 值 |
|---|---|---|---|---|---|
| 组间 | 73.073 | 5 | 14.615 | 0.784 | 0.563 |
| 组内 | 3468.831 | 186 | 18.650 | | |
| 合计 | 33541.904 | 191 | | | |

## （三）被试投资经历的随机化检验

表 5-14 列示了被试的投资经历列联表，在系统评论折叠/不相关的评论组被试已投资或计划投资人数为 29 人，占比 15.10%；在系统评论折叠/相关的评论组被试已投资或计划投资人数为 29 人，占比 15.10%；在评论不折叠/不相关的评论组被试已投资或计划投资人数为 29 人，占比 15.10%；在评论不折叠/相关的评论组被试已投资或计划投资人数为 30 人，占比 15.63%；在公司评论折叠/不相关的评论组被试已投资或计划投资人数为 31 人，占比 16.15%；在公司评论折叠/相关的评论组被试已投资或计划投资人数为 30 人，占比 15.63%。卡方检验的结果如表 5-15 所示，不同实验组的被试的投资经历不存在显著的差异（$\chi^2=0.554$，$p=0.990$），说明本实验在被试的投资经历方面做到了随机化分组。

表 5-14 不同实验组被试投资经历分析结果

单位：人，%

| 实验组 | | | 投资经历 | | 总计 |
|---|---|---|---|---|---|
| | | | 已投资或计划投资 | 未计划投资 | |
| 系统评论折叠 | 不相关的评论 | 计数 | 29 | 2 | 31 |
| | | 占比 | 15.10 | 1.04 | 16.15 |
| | 相关的评论 | 计数 | 29 | 3 | 32 |
| | | 占比 | 15.10 | 1.56 | 16.67 |
| 评论不折叠 | 不相关的评论 | 计数 | 29 | 2 | 31 |
| | | 占比 | 15.10 | 1.04 | 16.15 |
| | 相关的评论 | 计数 | 30 | 3 | 33 |
| | | 占比 | 15.63 | 1.56 | 17.19 |
| 公司评论折叠 | 不相关的评论 | 计数 | 31 | 2 | 33 |
| | | 占比 | 16.15 | 1.04 | 17.19 |
| | 相关的评论 | 计数 | 30 | 2 | 32 |
| | | 占比 | 15.63 | 1.04 | 16.67 |
| 总计 | | 计数 | 178 | 14 | 192 |
| | | 占比 | 92.71 | 7.29 | 100.0 |

表 5-15 不同实验组被试投资经历随机化检验的卡方检验结果

| | 值 | 自由度 | 显著性水平（双侧检验） |
|---|---|---|---|
| Pearson 卡方 | 0.554 | 5 | 0.990 |
| 似然比 | 0.536 | 5 | 0.991 |
| 有效案例中的样本量 $N$ | 192 | | |

## （四）被试所修财务与会计相关课程的随机化检验

表 5-16 列示了六个实验组被试所修财务与会计相关课程的描述性统计，结果表明，不同实验组的被试所修财务与会计相关课程的均值比较接近，在系统评论折叠/不相关的评论组被试所修

财务与会计相关课程平均为 4. 839 门；在系统评论折叠/相关的评论组被试所修财务与会计相关课程平均为 5. 313 门；在评论不折叠/不相关的评论组被试所修财务与会计相关课程平均为 6. 742 门；在评论不折叠/相关的评论组被试所修财务与会计相关课程平均为 5. 364 门；在公司评论折叠/不相关的评论组被试所修财务与会计相关课程平均为 7. 515 门；在公司评论折叠/相关的评论组被试所修财务与会计相关课程平均为 7. 656 门。表 5-17 列示了实验组被试工作经验的方差分析结果，不同实验组被试所修财务与会计相关课程均值不存在显著差异（F = 1. 857，p = 0. 104），表明本实验在被试所修财务与会计相关课程方面做到了随机化分组。

**表 5-16　不同实验组被试所修财务与会计相关课程的描述性统计**

| 实验组 | *N* | 平均数 | 标准差 | 最小值 | 最大值 |
|---|---|---|---|---|---|
| 系统评论折叠/不相关的评论 | 31 | 4. 839 | 3. 297 | 1 | 14 |
| 系统评论折叠/相关的评论 | 32 | 5. 313 | 4. 497 | 1 | 20 |
| 评论不折叠/不相关的评论 | 31 | 6. 742 | 3. 803 | 1 | 13 |
| 评论不折叠/相关的评论 | 33 | 5. 364 | 5. 957 | 1 | 26 |
| 公司评论折叠/不相关的评论 | 33 | 7. 515 | 5. 415 | 1 | 20 |
| 公司评论折叠/相关的评论 | 32 | 7. 656 | 6. 563 | 1 | 21 |
| 合计 | 192 | 6. 245 | 5. 135 | 1 | 26 |

**表 5-17　不同实验组被试工作经验的随机化检验结果**

| 来源 | 平方和 | 自由度 | 均方差 | F 值 | p 值 |
|---|---|---|---|---|---|
| 组间 | 239. 393 | 5 | 47. 879 | 1. 857 | 0. 104 |
| 组内 | 4796. 102 | 186 | 25. 785 | | |
| 合计 | 5035. 495 | 191 | | | |

## 三　操控性检验

在实验研究中，操控性检验是进行进一步实验结果分析的前提，操控性检验的目的是检验被试对实验线索的认识、感知到的实验线索的方向和强度是否与实验意图一致（Trotman，1996）。只有在保证被试对实验中操控的变量以及变量的不同水平上的感知是符合实验预期的前提下，对实验结果进行分析才具有实际意义，否则，就属于实验操控失败，实验结果就不符合实验目的，也不能用于验证研究假设。本书操控了两个自变量，分别是公司在社交媒体平台上的评论折叠行为和评论性质，通过询问被试关于操控性检验的问题，来检验被试是否已经正确地理解并关注了公司在社交媒体平台上的评论折叠行为和评论性质相关的实验操控。

### （一）公司在社交媒体平台上的评论折叠行为

本实验的第一个自变量，公司在社交媒体平台上的评论折叠行为，分为三种情况，分别是公司在社交媒体平台上进行评论折叠且被折叠的评论可以被看见（即公司评论折叠）、社交媒体平台根据系统设置协议对评论自动进行折叠（即系统评论折叠）、社交媒体平台上的评论不折叠（即评论不折叠）。

为了检验不同实验组的被试对公司在社交媒体平台上的评论折叠行为操控的理解，本实验首先询问被试："本案例中，A公司社交媒体信息中是否出现评论折叠？"（实验问题编号为8a）被试在"是"与"否"中进行选择。如果被试对该问题的回答为“是”，则接受进一步询问：“如果您对问题8a的回答为是，以下描述哪一个是正确的?”（实验问题编号为8b）被试在“系统评论折叠”和“公司评论折叠”两个选项中进行选择。这两个问题被综合起来用于判断被试是否通过评论折叠行为的操控。在“系统评论折叠”实验组，若被试对以上两个操控性检验问题的回答分别为“是”和“系统评论折叠”，则操控通过；在“评论不折叠”实验组，若被试对问题8a的回答为“否”，则操控通过；在“公司评论折叠”实验组，若被试对以上两个操控性检验问题的回答分别为“是”和“公司评论折叠”，则操控通过，不符合以上情况的被试均属于没有通过操控性检验。

表5-18列示了公司社交媒体平台评论折叠行为操控性检验问题的描述性统计，在“系统评论折叠”实验组中，回答为“是”和“系统评论折叠”的人数为61人，回答正确率为96.83%；在“评论不折叠”实验组中，回答为“否”的人数为63人，回答正确率为98.44%；在“公司评论折叠”实验组中，回答为“是”和“公司评论折叠”的人数为61人，回答正确率为93.85%。表5-19列示了公司社交媒体平台评论折叠行为操控性检验的卡方检验结果，对于公司社交媒体平台评论折叠行为的操控性检验问题，不同实验组被试的回答存在显著的差异（$\chi^2=171.407$，$p<0.001$），综合以上结果，被试通过对公司社交媒体平台评论折叠行为的操控性检验。

**表 5-18　公司社交媒体平台评论折叠行为操控性检验问题的描述性统计**

单位：人，%

| 实验组 | 问题 8a 回答为“是”且问题 8b 回答为“系统评论折叠” | 问题 8a 回答为“否” | 问题 8a 回答为“是”且问题 8b 回答为“公司评论折叠” | 合计 |
|---|---|---|---|---|
| 系统评论折叠 | 61<br>(96.83) | 2<br>(3.17) | 0<br>(0.00) | 63<br>(100) |
| 评论不折叠 | 1<br>(1.56) | 63<br>(98.44) | 0<br>(0.00) | 64<br>(100) |
| 公司评论折叠 | 2<br>(3.08) | 2<br>(3.08) | 61<br>(93.85) | 65<br>(100) |

**表 5-19　公司社交媒体平台评论折叠行为操控性检验的卡方检验结果**

| | 值 | 自由度 | 显著性水平(双侧检验) |
|---|---|---|---|
| Pearson 卡方 | 171.407 | 4 | <0.001 |
| 似然比 | 204.329 | 4 | <0.001 |
| 有效案例中的样本量 $N$ | 192 | | |

## （二）评论性质

本实验的另一个自变量是评论性质，也是分为两种情况，分别是不相关的评论和相关的评论，为了检验不同实验组的被试对评论性质操控性的理解，本实验询问被试：“您认为，折叠的评论信息在多大程度上令人感到不相关?”被试在 11 分量表上进行打分，0 分表示“非常相关”，10 分表示“非常不相关”。

表 5-20 为评论性质操控性检验问题的描述性统计，在“不相关的评论”实验组中，语言不相关程度的均值为 6.250；在“相关的评论”实验组中，语言不相关程度的均值为 4.226。表

5-21 列示了评论性质操控性检验的方差分析检验结果，对于评论性质的操控性检验问题，不同实验组被试的回答存在显著的差异（F=18.083，p<0.001），表明在不相关的评论和相关的评论两种情况下，被试判断的语言不相关程度存在显著差异，从而说明本实验对评论性质的操控是成功的。

**表 5-20　评论性质操控性检验问题的描述性统计**

| 实验组 | *N* | 平均数 | 标准差 | 最小值 | 最大值 |
|---|---|---|---|---|---|
| 不相关的评论 | 95 | 6.250 | 2.520 | 0 | 10 |
| 相关的评论 | 97 | 4.226 | 2.819 | 0 | 10 |
| 合计 | 192 | 5.254 | 2.848 | 0 | 10 |

资料来源：作者加工整理。

**表 5-21　评论性质操控性检验的方差分析**

| 来源 | 平方和 | 自由度 | 均方差 | F 值 | p 值 |
|---|---|---|---|---|---|
| 组间 | 129.034 | 1 | 129.034 | 18.083 | <0.001 |
| 组内 | 884.839 | 190 | 7.136 | | |
| 合计 | 1013.873 | 191 | | | |

综合以上对评论折叠行为和评论性质两个自变量的操控性检验问题的分析可知，本实验对两个自变量的操控是成功的。从整体样本来看，只要有一个自变量的操控性检验未通过，即认为该被试未通过操控性检验。参加实验的被试中共有 8 人未通过操控性检验，184 人通过操控性检验，通过率为 95.83%。

综合上述操控性检验的结果，本实验成功地对评论折叠行为和评论性质两个自变量进行了操控，并且不同实验组通过操控性检验的比例无显著差异。在剔除没有通过操控性检验的样本以后，主要的实验结果依然保持不变，因此在后续的数据分析中，本实验包含了所有的被试样本。

## 第二节 评论折叠、评论性质和投资者判断与决策的实验结果分析

本节主要基于实验数据结果，分析公司在社交媒体平台上的评论折叠、评论性质单独和共同对投资者投资判断的影响。第一部分分析公司在社交媒体平台上的评论折叠行为对投资者投资判断的影响，验证本书的假设 1；第二部分分析评论性质对投资者投资判断的影响，验证本书的假设 2；第三部分分别分析在评论信息采用相关的评论和不相关的评论两种情况下，评论折叠行为对投资者投资判断的影响，分别验证本书的假设 3 和假设 4，同时分析公司在社交媒体平台上的评论折叠行为与评论性质对投资者投资判断影响的中介路径，即验证本书的假设 5。

本书对投资者的投资判断的度量一共有三个因变量，分别为投资者判断的投资吸引力、投资者判断的股票估值和投资者分配的投资金额。在该部分的假设验证过程中，因变量均为投资者判断的投资吸引力，并在附加分析中分别列示了因变量为投资者判断的股票估值和投资者分配的投资金额时的实验结果，以为研究结果的稳健性提供证据。

## 一　公司在社交媒体平台上的评论折叠行为与投资者投资判断

根据传播学的人际欺骗理论，本书假设1预期，相比公司在社交媒体平台上不折叠评论，公司在社交媒体平台上折叠评论的情况下，投资者的投资吸引力更低。

表5-22列示了因变量为投资者判断的投资吸引力时的描述性统计和方差分析结果，从表5-22 Panel B的方差分析中可以看出，评论折叠行为的主效应是显著的（$F=28.709$，$p<0.001$），对应到表5-22 Panel A的描述性统计中，对于公司评论折叠组，投资者判断的投资吸引力的均值为3.708，对于评论不折叠组，投资者判断的投资吸引力的均值为6.310，公司评论折叠组的投资者判断的投资吸引力显著小于评论不折叠组的投资者判断的投资吸引力，验证了本书的假设1。

**表5-22　投资者判断的投资吸引力的分析结果**

Panel A：描述性统计

| 评论性质 | 社交媒体平台评论折叠行为 | | 均值 |
|---|---|---|---|
| | 公司评论折叠 | 评论不折叠 | |
| 不相关的评论 | 5.182<br>(2.186)<br>$N=33$ | 5.419<br>(1.628)<br>$N=31$ | 5.297<br>(1.925)<br>$N=64$ |
| 相关的评论 | 2.188<br>(1.176)<br>$N=32$ | 5.152<br>(1.622)<br>$N=33$ | 3.692<br>(2.053)<br>$N=65$ |
| 均值 | 3.708<br>(2.310)<br>$N=65$ | 6.310<br>(1.618)<br>$N=64$ | 4.488<br>(2.140)<br>$N=129$ |

续表

Panel B:方差分析

| 来源 | 平方和 | 自由度 | 均方差 | F 值 | P 值 |
|---|---|---|---|---|---|
| 校正模型 | 226.658 | 3 | 75.553 | 26.265 | <0.001 |
| 截距项 | 2593.181 | 1 | 2593.181 | 901.474 | <0.001 |
| 评论折叠行为 | 82.585 | 1 | 82.585 | 28.709 | <0.001 |
| 评论性质 | 85.741 | 1 | 85.741 | 29.806 | <0.001 |
| 评论折叠行为×评论性质 | 59.894 | 1 | 59.894 | 20.821 | <0.001 |
| 误差 | 359.575 | 125 | 2.877 | | |
| 合计 | 3185.000 | 129 | | | |
| 修正合计 | 586.233 | 128 | | | |

$R^2 = 0.263$（$Adj\text{-}R^2 = 0.236$）

Panel C:多重比较(LSD)

| 比较对象 | 均值差(I-J) | 标准误 | 显著性 | 95%置信区间 | |
|---|---|---|---|---|---|
| | | | | 下界 | 上界 |
| 不相关的评论:评论不折叠 vs. 公司评论折叠 | 0.238 | 0.424 | 0.577 | -0.602 | 1.077 |
| 相关的评论:评论不折叠 vs. 公司评论折叠 | 2.964 | 0.421 | <0.001 | 2.131 | 3.797 |

## 二 评论性质与投资者投资判断

基于心理学的认知反应理论，假设 2 预期，相对于评论信息采用不相关的评论，在评论信息采用相关的评论时，投资者判断的投资吸引力更低。这里我们提出了一种针对评论性质影响投资者投资判断的主效应，因此采用 2×2 被试间实验样本数据来验证评论信息对投资者投资判断的影响，因变量仍然采用投资者判断的投资吸引力。

从表 5-22 Panel B 的方差分析中可以看出，评论性质的主效应是显著的（$F=29.806$，$p<0.001$），对应到 Panel A 的描述性统计中

可以看出，对于评论信息采用不相关的评论组，投资者判断的投资吸引力的均值为 5.297，对于评论信息采用相关的评论组，投资者判断的投资吸引力的均值为 3.692。结合方差分析的结果，相对于评论信息采用不相关的评论，在被折叠的评论信息采用相关的评论时投资者判断的投资吸引力更低，结果验证了本书的假设 2。

## 三　公司在社交媒体平台上的评论折叠行为、评论性质与投资者投资判断

本书的假设 3 和假设 4 研究公司在社交媒体平台上的评论折叠行为和评论性质对投资者投资判断的共同影响，其中假设 3 研究被折叠评论信息采用不相关的评论时，在评论折叠和评论不折叠两种情况下，投资者投资意愿的差异；假设 4 研究被折叠评论信息采用相关的评论的情况下，公司评论折叠行为对投资者的投资意愿的影响。

### （一）对不相关的评论进行评论折叠对投资者决策的影响

假设 3 预期，在社交媒体平台上的评论信息采用不相关的评论的情况下，投资者的投资判断在评论折叠和评论不折叠行为下可能没有差异。

根据表 5-23 Panel B 的单因素方差分析结果可以看出，在评论信息采用不相关的内容的情况下，无论公司是否进行评论折叠，投资者判断的投资吸引力都不存在显著性差异。更进一步地，单因素方差分析结果表明系统评论折叠、评论不折叠和公司评论折叠三组之间不具有显著差异（$F=0.907$，$p=0.897$）。表 5-23 Panel C 的多重比较

分析表明，在评论信息采用不相关的评论的情况下，系统评论折叠与评论不折叠之间不存在显著性差异（p=0.970），公司评论折叠与评论不折叠之间不存在显著性差异（p=0.886），系统评论折叠和公司评论折叠之间不存在显著性差异（p=0.901）。对应到表5-23的Panel A描述性统计中，在评论信息采用不相关的评论的情况下，当进行系统评论折叠时，投资者判断的投资吸引力的均值是5.377，当公司在社交媒体平台上不折叠评论时，投资者判断的投资吸引力的均值是5.419，当公司在社交媒体平台上进行评论折叠时，投资者判断的投资吸引力的均值为5.182。投资者判断的投资吸引力在评论折叠和评论不折叠的情况下不存在显著的差异，假设3得到验证。

**表5-23　采用不相关的评论时评论折叠行为对投资者投资判断的影响分析（因变量：投资者判断的投资吸引力）**

Panel A：描述性统计

| 评论性质 | 社交媒体平台评论折叠行为 | | | 均值 |
|---|---|---|---|---|
| | 系统评论折叠 | 评论不折叠 | 公司评论折叠 | |
| 不相关的评论 | 5.377<br>(2.016)<br>$N=31$ | 5.419<br>(1.628)<br>$N=31$ | 5.182<br>(2.186)<br>$N=33$ | 3.948<br>(2.063)<br>$N=95$ |

Panel B：单因素方差分析

| 来源 | 平方和 | 自由度 | 均方差 | F值 | p值 |
|---|---|---|---|---|---|
| 组间 | 155.656 | 2 | 0.828 | 0.907 | 0.897 |
| 组内 | 253.086 | 94 | 0.692 | | |
| 合计 | 408.742 | 96 | | | |

Panel C：多重比较（LSD）

| 比较对象 | 均值差（I-J） | 标准误 | 显著性 | 95%置信区间 | |
|---|---|---|---|---|---|
| | | | | 下界 | 上界 |
| 系统评论折叠 vs. 评论不折叠 | -0.042 | 0.007 | 0.970 | -1.491 | 0.126 |
| 公司评论折叠 vs. 评论不折叠 | -0.195 | 0.107 | 0.886 | -3.772 | 0.156 |
| 系统评论折叠 vs. 公司评论折叠 | -0.195 | 0.114 | 0.901 | -3.096 | 0.467 |

### （二）对相关评论进行评论折叠对投资者决策的影响

假设 4 提出当社交媒体评论信息采用相关的评论时，相对于评论不折叠和系统评论折叠，在公司评论折叠时，投资者判断的投资吸引力更低。表 5-22 Panel B 的方差分析表明，评论折叠行为×评论性质的交互效应显著（$F=20.821$，$p<0.001$）。更为具体的，表 5-22 Panel A 的描述性分析和 Panel C 的多重比较结果表明，在评论信息采用相关的评论时，评论不折叠组投资者判断的投资吸引力均值（5.152）与公司评论折叠组投资者判断的投资吸引力均值（2.188）之间的均值差异显著（$p<0.001$），验证了本书的假设 4。

## 第三节　中介效应分析

根据前述的假设分析以及实验结果，当评论信息采用相关的评论时，公司在社交媒体平台上的评论折叠行为才会对投资者的投资判断产生影响。因此，本节的中介分析只考虑评论信息采用相关的评论的情况。具体来说，首先对中介分析的原理与过程进行说明，其次用传统的三步法进行中介检验，最后用结构方程模型进行中介检验，增强中介效应检验结果的稳健性。

### 一　中介效应分析的原理与过程

在实验研究中，研究中介效应的目的在于深入探索自变量通过何种机制和路径影响因变量。最早针对中介效应的研究提出了一个通用的中介假设模型，认为在刺激和反应之间存在一个内在中间转换过程，这个中间转换过程抽象出来就是中介变量（Woodworth，1928），具体而言，中介变量（Mediator Variable）指能够代表自变量影响因变量具体机制的第三变量（Baron and Kenny，1986；Woodworth，1928），自变量通过影响中介变量，对因变量产生影响（温忠麟、叶宝娟，2014）。实验研究可以准确地测量中介变量，为探讨自变量影响因变量的具体中间过程提供证据。在中介效应分析部分，本书采用三步法和结构方程模型具体分析和研究公司在社交媒体平台上的评论折叠行为与评论性质共同影响投资者投资判断的中间过程。

为明确自变量、中介变量和因变量之间的关系，图 5-1 描绘了三个变量之间的因果链条和影响路径，同时右侧给出了检验中介效应的三个模型，其中，$X$ 表示自变量，$Y$ 表示因变量，$M$ 表示中介变量。在三变量组成的因果链条系统中，中介效应分析的前提是中介变量会受到自变量的影响（路径 $a$），在该前提下，因变量 Y 的变化来自自变量对因变量的直接影响（路径 $c'$）和中介变量对因变量的影响（路径 $b$）。相对应地，中介效应分析分为以下三步。（1）检验自变量和因变量之间是否存在显著的相关关系，即路径 $c$ 的检验。自变量和因变量之间存在因果联系是进行中介效应分析的基础，如果所研究变量并不会带来因变量的变化，则没有必要进行中介效应检验。只有在路径 $c$ 显著的情况下，才会进行第二步检验。（2）检验自变量和中介变量之间是否存在显著的相关关系，即进行路径 $a$ 的检验。如果路径 $a$ 并不显著，则说明自变量无法影响中介变量，中介变量选择错误，后续的分析也无必要，中介效应分析结束。如果路径 $a$ 显著，则进行第三步分析。（3）在模型中同时将研究变量 $X$ 和中介变量 $M$ 作为自变量，研究 $X$ 与 $Y$、$M$ 与 $Y$ 的关系是否显著，即检验路径 $c'$ 和路径 $b$ 是否显著。如果路径 $c'$ 不显著，则说明同时考虑自变量和中介变量的情况下，中介变量完全中介了自变量和因变量之间的关系，此时称中介效应为完全中介；如果路径 $c'$ 仍然显著，但自变量对因变量的相关系数的显著性下降，则说明同时考虑自变量和中介变量的情况下，中介变量部分中介了自变量和因变量之间的关系，此时称中介效应为部分中介（Baron and Kenny，1986）。

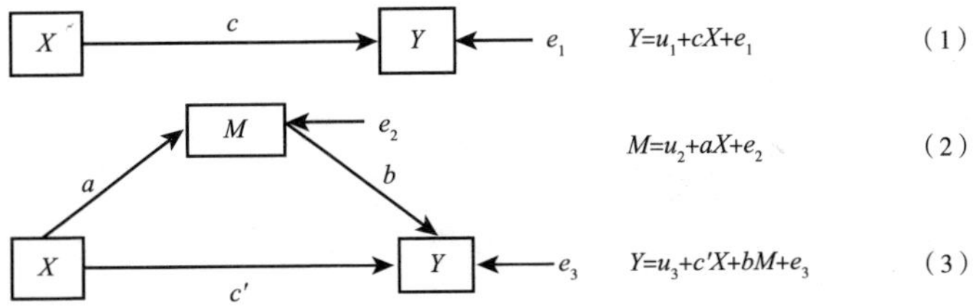


**图 5-1　中介效应模型示意**

资料来源：Zhao，X.，Lynch，J. G.，Chen，Q.，"Reconsidering Baron and Kenny：Myths and Truths about Mediation Analysis，" *Journal of Consumer Research*，2010，37（2）：197-206.

在实际分析中，中介变量可能是一个，也可能是多个。当实际中介变量是多个时，中介模型分为以下两种。一种是并行中介模型，此时中介变量之间独立存在，不存在相关关系，每个中介变量单独影响自变量与因变量之间的因果关系，即自变量、因变量和多重中介之间呈现的关系为 $X \rightarrow M_1 \rightarrow Y$ 和 $X \rightarrow M_2 \rightarrow Y$ 路径，中介变量 $M_1$ 和 $M_2$ 并列，不存在相关关系。另一种多重中介效应模型是链式中介效应模型，此时中介变量之间存在相关关系，自变量、因变量和多重中介变量之间呈现的关系为：$X \rightarrow M_1 \rightarrow M_2 \rightarrow Y$ 路径。中介效应模型属于何种模型取决于具体的研究问题和理论分析。在本书的背景下，根据人际欺骗理论，评论折叠行为首先影响投资者感知的公司坦率性，进而影响投资者感知的公司可信性，最终影响了投资者的投资判断，因此存在两个中介变量，分别为：投资者感知的公司坦率性和投资者感知的公司可信性。基于此，本书选择的中介效应模型为链式中介效应模型：评论折叠行为→投资者感知的公司坦率性→投资者感知的公司可信性→投资者投资判断。链式中介效应模型可以采用三步法和结构方程模型进行检验。

## 二 三步法中介效应分析

Baron 和 Kenny（1986）指出，中介效应存在的三个条件是：自变量和中介变量之间存在相关关系（路径 $a$ 显著）；中介变量和因变量之间存在相关关系（路径 $b$ 显著）；在同时考虑自变量和中介变量的情况下，自变量对因变量的影响不再显著（完全中介）或者显著性下降（部分中介）。因此，在本部分，第一步检验自变量和因变量之间是否存在因果关系［见图 5-1 的模型（1）］；第二步检验自变量是否与中介变量之间存在相关关系［见图 5-1 的模型（2）］；第三步在同时控制自变量和中介变量的情况下，考察自变量和因变量之间的相关关系［见图 5-1 的模型（3）］。由于本书存在两个中介变量——投资者感知的公司坦率性和投资者感知的公司可信性，且两个中介变量之间存在相关关系，因此将链式中介效应模型（评论折叠行为→投资者感知的公司坦率性→投资者感知的公司可信性→投资者投资判断）拆分为两部分，即拆分为评论折叠行为→投资者感知的公司坦率性→投资者感知的公司可信性、投资者感知的公司坦率性→投资者感知的公司可信性→投资者投资判断，然后分别检验坦率性和可信性的中介效应。

### （一）坦率性的中介效应

投资者感知的公司坦率性的中介效应结果如表 5-24 和图 5-2 所示，当评论信息采用相关的评论时，自变量公司在社交媒体平台上的评论折叠行为与因变量投资者感知的公司可信性之间存在显著的正相关关系（$c=2.143$，$p=0.003$），即相比于公司评论折叠，不折叠评论时，投资者感知的公司可信性更高；自变量公司在社交媒体平台上的评论折叠行为与中介变量投资者感知的公司坦率性之间存在显著的正相关关系（$a=3.333$，$p<0.001$），即相比于公司评论折叠，不折叠评论时，投资者感知的公司坦率性更高；当把自变量公司在社交媒体平台上的评论折叠行为与中介变量投资者感知的公司坦率性同时放入回归模型中，将投资者感知的公司可信性作为因变量进行回归，发现自变量公司在社交媒体平台上的评论折叠行为的系数不再显著（$c'=0.359$，$p=0.645$），且中介变量投资者感知的公司坦率性与因变量投资者感知的公司可信性的关系显著为正（$b=0.535$，$p<0.001$），说

明在评论信息采用相关的内容时，投资者感知的公司坦率性完全中介了公司在社交媒体平台上的评论折叠行为与投资者感知的公司可信性之间的关系。

**表 5-24　投资者感知的公司坦率性中介效应的回归分析结果**

| 来源 | 模型 1<br>因变量：投资者感知的公司可信性 | 模型 2<br>中介变量：投资者感知的公司坦率性 | 模型 3<br>因变量：投资者感知的公司可信性 |
|---|---|---|---|
| 截距项 | 0.238<br>(0.822) | -1.381<br>(0.164) | 0.977<br>(0.310) |
| 评论折叠行为 | 2.143***<br>(0.003) | 3.333***<br>(<0.001) | 0.359<br>(0.645) |
| 投资者感知的公司坦率性（中介变量） | | | 0.535***<br>(<0.001) |
| F-stat | 10.358 | 29.306 | 13.018 |
| $Adj\text{-}R^2$ | 0.186 | 0.408 | 0.370 |

注：对评论折叠行为赋值，当公司在社交媒体平台上不折叠评论时取值 1，当公司在社交媒体平台上评论折叠时取值 0；括号内为 p 值，*、**、*** 分别代表在 10%、5%和 1%水平上显著。

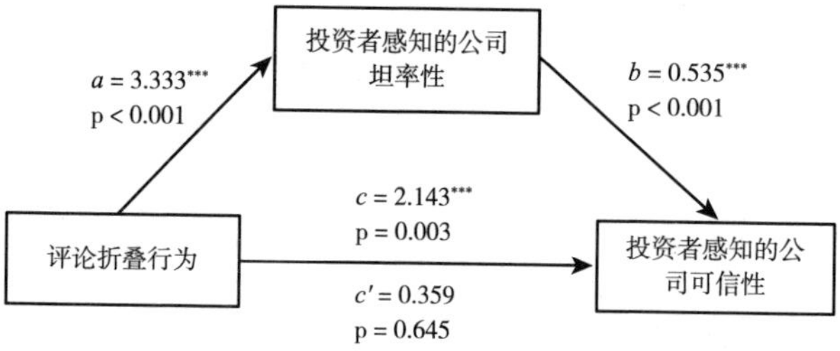


**图 5-2　投资者感知的公司坦率性的中介效应**

### （二）可信性的中介效应分析

前述当评论信息采用相关的评论时，公司在社交媒体平台上的评论折叠行为对投资者判断的投资吸引力的影响，先后被投资者感知的公司坦率性和可信性中介。在此分析投资者感知的公司可信性的中介效应。可信性的中介效应结果如表 5-25和图 5-3 所示，投资者感知的公司坦率性与投资者判断的投资吸引力之间存在显著的正相关关系（$c=0.365$，$p=0.002$）；投资者感知的公司坦率性和投资者感知的公司可信性之间存在显著的正相关关系（$a=0.581$，$p<0.001$）；当把投资者感知的公司坦率性与投资者感知的公司可信性同时放入回归模型中，将投资者判断的投资吸引力作为因变量进行回归分析，发现投资者感知的公司坦率性不再显著（$c'=0.177$，$p=0.212$），且投资者感知的公司可信性与投资者判断的投资吸引力之间的关系显著为正（$b=0.325$，$p=0.038$），说明投资者感知的公司可信性完全中介了投资者感知的公司坦率性和投资者判断的投资吸引力之间的关系。

综合来看，在评论信息采用相关的评论时，投资者感知的公司坦率性完全中介了评论折叠行为与投资者感知的公司可信性之间的关系；投资者感知的公司可信性完全中介了投资者感知的公司坦率性与投资者判断的投资吸引力之间的关系，即评论折叠行为对投资者投资判断的影响，先后被投资者感知的公司坦率性和投资者感知的公司可信性中介，验证了中介效应。

表 5-25 投资者感知的公司可信性中介效应的回归分析结果
（因变量：投资者判断的投资吸引力）

| 来源 | 模型 1<br>因变量：投资者判断的投资吸引力 | 模型 2<br>中介变量：投资者感知的公司可信性 | 模型 3<br>因变量：投资者判断的投资吸引力 |
|---|---|---|---|
| 截距项 | 1.916***<br>(<0.001) | 1.351**<br>(0.010) | 1.477***<br>(0.007) |
| 投资者感知的公司坦率性 | 0.365***<br>(0.002) | 0.581***<br>(<0.001) | 0.177<br>(0.212) |
| 投资者感知的公司可信性（中介变量） | | | 0.325**<br>(0.038) |
| F-stat | 10.465 | 26.337 | 8.019 |
| $Adj\text{-}R^2$ | 0.188 | 0.382 | 0.255 |

注：括号内为 p 值，*、**、*** 分别代表在 10%、5%和 1%水平上显著。

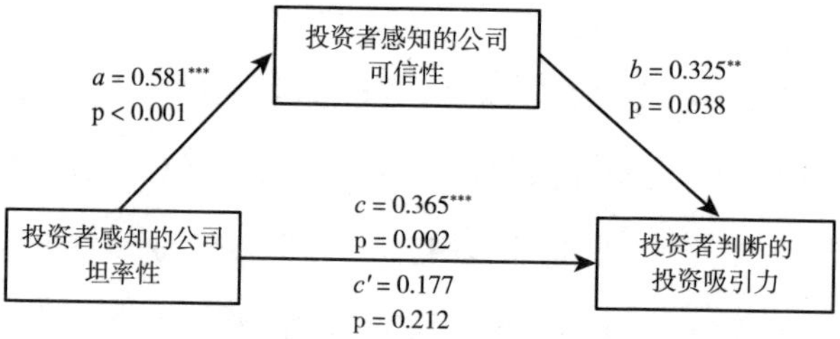


图 5-3 投资者感知的公司可信性的中介效应
（因变量：投资者判断的投资吸引力）

## 三 结构方程模型中介效应分析

除三步法之外，结构方程模型（Structural Equation Model，SEM）也是用于检验中介效应的重要方法（Elliott，Hodge，and Sedor，2012；Muller，Judd，and Yzerbyt，2005；Iacobucci and Saldanha，2007；Iacobucci，2009，2010）。该方法起源于 20 世纪 70 年代（Jöreskog，1967），后被广泛应用于生物学、管理学、心理学

等研究领域，行为会计领域的研究中也普遍使用结构方程模型来检验自变量影响因变量的具体中间过程（Elliott, Hodge, and Sedor, 2012; Grant, Hodge, and Sinha, 2018; Tan et al., 2019; Bhaskar, Hopkins, and Schroeder, 2019; Rennekamp and Witz, 2021）。结构方程具体指能够表征研究变量之间因果关系的方程，实践中，结构方程模型通常以图示的方式展示研究变量之间的因果关系（Grace et al., 2010），其优势是可以根据理论来构建和度量不同变量，在构建模型的过程中可以同时考虑多个研究变量之间的因果关系，是检验存在多个中介变量的中介效应模型的有效统计方法。结构方程模型在设定过程中要求模型具有良好的拟合度，通常认为结构方程模型中 CFI 大于 0.95，$\chi^2/df$ 小于 3，卡方检验的 p 值大于 0.05，RMSEA 小于 0.08，则结构方程模型的整体拟合度较好（Elliott, Hodge, and Sedor, 2012; Hu and Bentler, 1999; Kline, 2011; Tan and Yu, 2018; Marsh, Hau, and Wen, 2004; Iacobucci, 2010）。

为了增强中介效应结论的稳健性，我们在三步法检验中介效应模型的基础上，同时采用结构方程模型验证中介效应。结构方程模型中 $CFI = 1.000 > 0.95$，$\chi^2/df = 0.430 < 3$，卡方检验的 $p = 0.806 > 0.05$，$RMSEA = 0.000 < 0.08$，这些模型检验指标表明模型的拟合度较好。图 5-4 列示了因变量为投资者判断的投资吸引力时的中介效应检验结果，可以看出，评论折叠行为与投资者感知的公司坦率性之间存在显著的正相关（$a = 3.333$，$p < 0.001$）；投资者感知的公司坦率性与投资者感知的公司可信性之间存在着显著的正相关（$b = 0.581$，$p < 0.001$）；投资者感知的公司可信性与投资者判断的投资吸引力之间存在显著的正

相关($c=0.342$，$p=0.006$)；而评论折叠行为对投资者判断的投资吸引力的直接影响显著为正（$d=1.076$，$p=0.068$）。综合来看，当评论信息采用相关的评论时，公司在社交媒体平台上的评论折叠行为对投资者判断的投资吸引力的影响，先后被投资者感知的公司坦率性和投资者感知的公司可信性中介，中介效应得到验证。

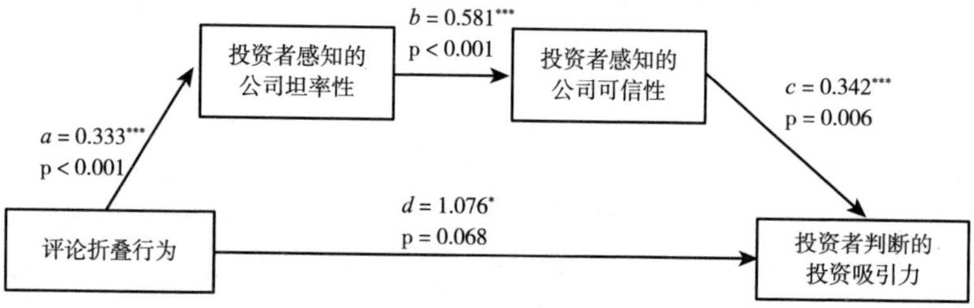


**图 5-4　结构方程模型的中介效应检验**
**（因变量：投资者判断的投资吸引力）**

# 第六章　因变量替换后个体投资者判断与决策的实验结果分析

本书在实验设计部分用三个因变量来衡量投资者的投资判断：投资者判断的投资吸引力、投资者判断的股票估值、投资者分配的投资金额。在前述章节部分，采用投资者判断的投资吸引力作为因变量进行主要结果分析并提出假设，本部分我们保持自变量的定义和水平不变，分别将因变量替换为投资者判断的股票估值和投资者分配的投资金额以进行稳健性检验。

## 第一节　因变量替换为投资者判断的股票估值的实验结果分析

本部分分析公司在社交媒体平台上的评论折叠行为、评论性质单独和共同对投资者投资判断的影响，并以投资者判断的股票估值作为因变量。

对于因变量投资者判断的股票估值，我们在实验中询问被试"您认为，A公司恰当的普通股估值是多少?"，采用11分量表，其中0分代表非常低，10分代表非常高。

## 一　评论折叠行为对投资者判断的股票估值的影响

表 6-1 列示了因变量为股票估值时，投资者投资判断的描述性统计和方差分析结果。从表 6-1 Panel B 的方差分析中可以看出，评论折叠行为的主效应是显著的（F = 43.941，p < 0.001），对应到表6-1 Panel A 的描述性统计中可看出，对于公司评论折叠组，投资者判断的股票估值的均值为 3.615，对于评论不折叠组，投资者判断的股票估值的均值为 5.297，公司评论折叠组投资者判断的股票估值小于评论不折叠组投资者判断的股票估值，与因变量为投资者判断的投资吸引力时的分析结果一致，验证了假设 1。

**表 6-1　投资者判断的股票估值的分析结果**

Panel A：描述性统计

| 评论性质 | 社交媒体平台评论折叠行为 | | 均值 |
|---|---|---|---|
| | 公司评论折叠 | 评论不折叠 | |
| 不相关的评论 | 4.697<br>(1.741)<br>$N=33$ | 5.484<br>(1.411)<br>$N=31$ | 5.078<br>(1.626)<br>$N=64$ |
| 相关的评论 | 2.500<br>(1.295)<br>$N=32$ | 5.121<br>(1.341)<br>$N=33$ | 3.831<br>(1.859)<br>$N=65$ |
| 均值 | 3.615<br>(1.885)<br>$N=65$ | 5.297<br>(1.376)<br>$N=64$ | 4.450<br>(1.850)<br>$N=129$ |

Panel B：方差分析

| 来源 | 平方和 | 自由度 | 均方差 | F 值 | p 值 |
|---|---|---|---|---|---|
| 校正模型 | 171.696 | 3 | 57.232 | 26.872 | <0.001 |
| 截距项 | 2553.401 | 1 | 2553.401 | 1198.884 | <0.001 |

续表

Panel B：方差分析

| 来源 | 平方和 | 自由度 | 均方差 | F 值 | p 值 |
|---|---|---|---|---|---|
| 评论折叠行为 | 93.585 | 1 | 93.585 | 43.941 | <0.001 |
| 评论性质 | 52.788 | 1 | 52.788 | 24.785 | <0.001 |
| 评论折叠行为×评论性质 | 27.110 | 1 | 27.110 | 12.729 | 0.001 |
| 误差 | 266.227 | 125 | 2.130 | | |
| 合计 | 2992.000 | 129 | | | |
| 修正合计 | 437.922 | 128 | | | |

$R^2=0.263$（$Adj\text{-}R^2=0.236$）

Panel C：多重比较（LSD）

| 比较对象 | 均值差（I-J） | 标准误 | 显著性 | 95%置信区间 | |
|---|---|---|---|---|---|
| | | | | 下界 | 上界 |
| 不相关的评论：不折叠评论 vs. 评论折叠 | 0.787 | 0.365 | 0.033 | 0.064 | 1.509 |
| 相关的评论：不折叠评论 vs. 评论折叠 | 2.621 | 0.362 | <0.001 | 1.905 | 3.338 |

## 二　评论性质对投资者判断的股票估值的影响

从表 6-1 Panel B 的方差分析中可以看出，评论性质的主效应是显著的（$F=24.785$，$p<0.001$），对应到 Panel A 的描述性统计中可以看出，对于评论信息采用不相关的评论组，投资者判断的投资吸引力的均值为 5.078，对于评论信息采用相关的评论组，投资者判断的投资吸引力的均值为 3.831。结合方差分析的结果，相对于评论信息采用不相关的评论，在被折叠的评论信息采用相关的评论时投资者判断的股票估值更低，结果验证了本书的假设 2。

## 三　评论折叠行为、评论性质对投资者判断的股票估值的影响

从表 6-2 Panel B 的单因素方差分析结果可以看出，在评论信息采用不相关的评论的情况下，无论是否进行评论折叠，投资者判断的投资吸引力均不存在显著性差异。更进一步地，单因素方差分析结果表明系统评论折叠、评论不折叠和公司评论折叠三组之间不具有显著差异（F=0.747，p=7.001）。表 6-2 Panel C 的多重比较分析表明，在评论信息采用不相关的评论的情况下，系统评论折叠与评论不折叠之间不存在显著性差异（p=0.113），公司评论折叠与评论不折叠之间不存在显著性差异（p=0.268），系统评论折叠和公司评论折叠之间不存在显著性差异（p=0.187）。对应到表 6-2 Panel A 的描述性统计中，在评论信息采用不相关的评论的情况下，当系统评论折叠时，投资者判断的股票估值的均值是 4.469，当社交媒体平台评论不折叠时，投资者判断的股票估值的均值是 5.484，当公司评论折叠时，投资者判断的股票估值的均值为 4.697。投资者判断的投资吸引力在公司评论折叠和评论不折叠的情况下不存在显著性差异，假设 3 得到验证。

**表 6-2　采用不相关的评论时评论折叠行为对投资者投资判断的影响分析（因变量：投资者判断的股票估值）**

Panel A：描述性统计

| 评论性质 | 社交媒体平台评论折叠行为 | | | 均值 |
|---|---|---|---|---|
| | 系统评论折叠 | 评论不折叠 | 公司评论折叠 | |
| 不相关的评论 | 4.469<br>(1.814)<br>$N$=31 | 5.484<br>(1.411)<br>$N$=31 | 4.697<br>(1.741)<br>$N$=33 | 4.041<br>(1.859)<br>$N$=95 |

续表

| Panel B:单因素方差分析 | | | | | |
|---|---|---|---|---|---|
| 来源 | 平方和 | 自由度 | 均方差 | F 值 | p 值 |
| 组间 | 20.351 | 2 | 0.176 | 0.747 | 7.001 |
| 组内 | 211.484 | 94 | 1.250 | | |
| 合计 | 331.835 | 96 | | | |

| Panel C:多重比较(LSD) | | | | | |
|---|---|---|---|---|---|
| 比较对象 | 均值差(I-J) | 标准误 | 显著性 | 95%置信区间 | |
| | | | | 下界 | 上界 |
| 系统评论折叠 vs. 评论不折叠 | -1.015 | 0.372 | 0.113 | -1.391 | 0.086 |
| 公司评论折叠 vs. 评论不折叠 | -0.787 | 0.372 | 0.268 | -3.360 | 1.882 |
| 公司评论折叠 vs. 系统评论折叠 | -0.228 | 0.375 | 0.187 | -2.713 | 1.224 |

当社交媒体平台评论信息采用相关的内容时，投资者的投资判断在公司评论折叠与评论不折叠两种情况下的差异较大。表 6-1 Panel B 的方差分析表明，评论折叠行为×评论性质的交互效应显著（$F=12.729$，$p=0.001$）。更为具体的，表 6-1 Panel A 的描述性分析和 Panel C 的多重比较结果表明，在评论信息采用相关的评论时，评论不折叠组投资者判断的股票估值均值（5.121）与公司评论折叠组投资者判断的股票估值均值（2.500）差异显著（$p<0.001$），验证了本书的假设 4。

## 四　中介效应分析结果

因变量为投资者判断的股票估值时，中介效应模型（评论折叠行为→投资者感知的公司坦率性→投资者感知的公司可信性）与因变量为投资者判断的投资吸引力时的结果是一致的，因此在这一部分只验证链式中介效应模型的后半部分——投资者感知的公司坦率性→投资者感知的公司可信性→投资者判断的股票估值。

因变量为投资者判断的股票估值时，可信性的中介效应结果如表6-3和图 6-1 所示，投资者感知的公司坦率性与投资者判断的股票估值之间存在显著的正相关（$c=0.426$，$p<0.001$）；投资者感知的公司坦率性和投资者感知的公司可信性之间存在显著的正相关（$a=0.581$，$p<0.001$）；当把投资者感知的公司坦率性与投资者感知的公司可信性同时放入回归模型，将投资者判断的股票估值作为因变量进行回归分析，发现投资者感知的公司坦率性仍然显著（$c'=0.228$，$p=0.054$），但是显著程度降低，且投资者感知的公司可信性与投资者判断的股票估值之间的关系显著为正（$b=0.340$，$p=0.010$），说明投资者感知的公司可信性部分中介了投资者感知的公司坦率性和投资者判断的股票估值之间的关系。

综合来看，在因变量为投资者判断的股票估值时，投资者感知的公司坦率性完全中介了评论折叠行为与投资者感知的公司可信性之间的关系；投资者感知的公司可信性部分中介了投资者感知的公司坦率性与投资者判断的股票估值之间的关系。公司在社交媒体平台上的评论折叠行为对投资者判断的股票估值的影响，先后被投资者感知的公司坦率性、公司可信性中介。

**表 6-3 投资者感知的公司可信性的中介效应的回归分析结果（因变量：投资者判断的股票估值）**

| 来源 | 模型 1<br>因变量:投资者判断的股票估值 | 模型 2<br>中介变量:投资者感知的公司可信性 | 模型 3<br>因变量:投资者判断的股票估值 |
|---|---|---|---|
| 截距项 | 1. 864 ***<br>(<0. 001) | 1. 350 **<br>(0. 010) | 1. 404 ***<br>(0. 002) |
| 投资者感知的公司坦率性 | 0. 426 ***<br>(<0. 001) | 0. 581 ***<br>(<0. 001) | 0. 228 *<br>(0. 054) |
| 投资者感知的公司可信性（中介变量） | | | 0. 340 **<br>(0. 010) |
| F-stat | 19. 596 | 26. 337 | 15. 096 |
| $Adj\text{-}R^2$ | 0. 312 | 0. 382 | 0. 407 |

注：括号内为 p 值，*、**、*** 分别代表在 10%、5%和 1%水平上显著。

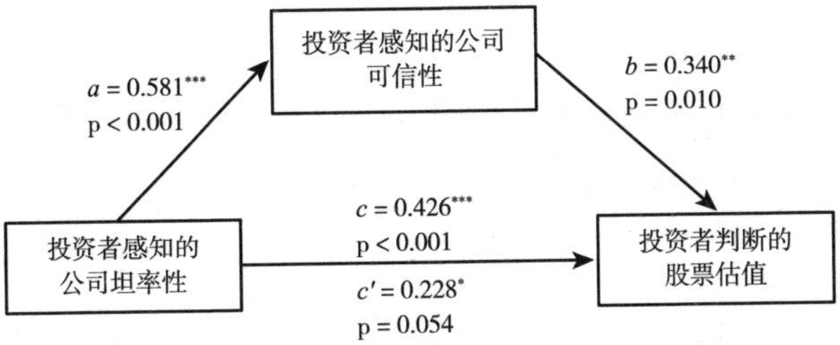


**图 6-1 投资者感知的公司可信性的中介效应（因变量：投资者判断的股票估值）**

图 6-2 列示了因变量为投资者判断的股票估值时的中介效应检验结果，模型中的 CFI = 1. 000 > 0. 95，$\chi^2/df = 1.972 < 3$，p = 0. 373 > 0. 05，RMSEA = 0. 000 < 0. 08，模型的拟合度较好。从图 6-2可以看出，评论折叠行为与投资者感知的公司坦率性之间存在显著的正相关（$a$ = 3. 333，p<0. 001）；投资者感知的公司坦

率性与投资者感知的公司可信性之间存在显著的正相关（$b$=0.581，p<0.001）；投资者感知的公司可信性与投资者判断的股票估值之间存在显著的正相关（$c$=0.412，p<0.001）；而评论折叠行为对投资者判断的股票估值的直接影响显著为正（$d$=0.880，p=0.079）。综合来看，当评论信息采用相关的评论时，公司在社交媒体平台上的评论折叠行为对投资者判断的股票估值的影响，先后被投资者感知的公司坦率性、公司可信性中介，结果与前述分析一致，能够验证中介效应。

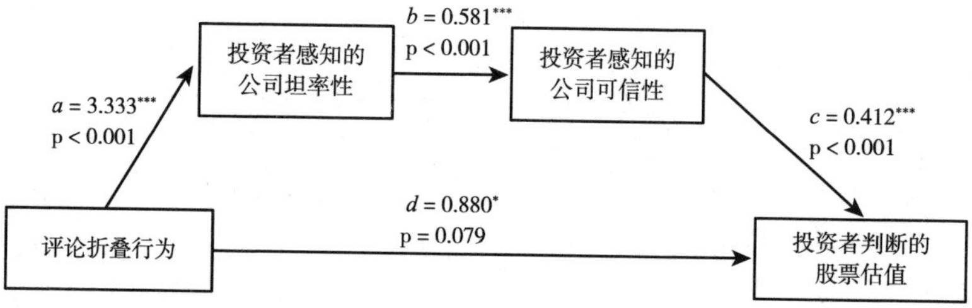


**图 6-2　结构方程模型的中介检验（因变量：投资者判断的股票估值）**

## 第二节　因变量替换为投资者分配的投资金额的实验结果分析

### 一　评论折叠行为对投资者分配的投资金额的影响

表 6-4 列示了因变量为投资者分配的投资金额时，投资者投资判断的描述性统计和方差分析结果。从表 6-4 Panel B 的方差分析中可以看出，评论折叠行为的主效应是显著的（F=9.317，p=

0.003)，对应到表 6-4 Panel A 的描述性统计中可以看出，对于公司评论折叠组，投资者分配的投资金额的均值为 22923.076，对于评论不折叠组，投资者分配的投资金额的均值为 32187.500，公司评论折叠组投资者分配的投资金额显著小于评论不折叠组投资者分配的投资金额，与前述分析一致，验证了本书的假设 1。

**表 6-4　投资者分配的投资金额的分析结果**

单位：元

Panel A：描述性统计

| 评论性质 | 社交媒体平台评论折叠行为 | | 均值 |
|---|---|---|---|
| | 公司评论折叠 | 评论不折叠 | |
| 不相关的评论 | 30000.000<br>(18200.274)<br>$N=33$ | 28709.677<br>(15862.310)<br>$N=31$ | 29375.000<br>(16985.054)<br>$N=64$ |
| 相关的评论 | 15625.000<br>(11341.474)<br>$N=32$ | 35454.545<br>(21663.753)<br>$N=33$ | 25692.307<br>(19919.308)<br>$N=65$ |
| 均值 | 22923.076<br>(16744.689)<br>$N=65$ | 32187.500<br>(19228.678)<br>$N=64$ | 27519.380<br>(18541.803)<br>$N=129$ |

Panel B：方差分析

| 来源 | 平方和 | 自由度 | 均方差 | F 值 | p 值 |
|---|---|---|---|---|---|
| 校正模型 | 6852132635.432 | 3 | 2284044211.811 | 7.684 | <0.001 |
| 截距项 | 97117660438.634 | 1 | 97117660438.634 | 326.740 | <0.001 |
| 评论折叠行为 | 2769247935.557 | 1 | 2769247935.557 | 9.317 | 0.003 |
| 评论性质 | 469075649.070 | 1 | 469075649.070 | 12.578 | <0.001 |
| 评论折叠行为×评论性质 | 3593860290.960 | 1 | 3593860290.960 | 12.091 | <0.001 |
| 误差 | 37154068914.956 | 125 | 297232551.320 | | |
| 合计 | 141700000000.000 | 129 | | | |
| 修正合计 | 44006201550.388 | 128 | | | |

$R^2=0.263$ (Adj-$R^2=0.236$)

续表

| Panel C:多重比较(LSD) | | | | | |
|---|---|---|---|---|---|
| 比较对象 | 均值差(I-J) | 标准误 | 显著性 | 95%置信区间 | |
| | | | | 下界 | 上界 |
| 不相关的评论:评论不折叠 vs. 公司评论折叠 | -1290.323 | 4312.214 | 0.765 | -9824.730 | 7244.085 |
| 相关的评论:评论不折叠 vs. 公司评论折叠 | 19829.545 | 4277.331 | <0.001 | 11364.176 | 28294.915 |

## 二 评论性质对投资者分配的投资金额的影响

从表6-4 Panel B的方差分析中可以看出，评论性质的主效应是显著的（$F=12.578$，$p<0.001$），对应到Panel A的描述性统计中可以看出，对于评论信息采用不相关的评论组，投资者分配的投资金额的均值为29375.000，对于评论信息采用相关的评论组，投资者分配的投资金额的均值为25692.307。结合方差分析的结果，相对于评论信息采用不相关的评论，在被折叠的评论信息采用相关的评论时，投资者判断的投资吸引力更低。

## 三 评论折叠行为和评论性质对投资者分配的投资金额的共同影响

从表6-5 Panel B的单因素方差分析结果可以看出，在评论信息采用不相关的评论的情况下，无论公司是否进行评论折叠，投资者判断的投资吸引力都不存在显著性差异。更进一步地，单因素方差分析结果表明系统评论折叠、评论不折叠和公司评论折叠三组之间不具有显著差异（F=0.881，p=0.679）。表 6-5 Panel C 的多重比较分析表明，在评论信息采用不相关的评论的情况下，系统评论折叠与评论不折叠之间不存在显著性差异（p=0.230），公司评论折叠与评论不折叠之间不存在显著性差异（p=0.129），系统评论折叠和公司评论折叠之间不存在显著性差异（p=0.302）。对应到表 6-5 Panel A 的描述性统计中可以看出，在评论信息采用不相关的评论的情况下，当系统评论折叠时，投资者分配的投资金额的均值是 29625.000，当公司在社交媒体平台上不折叠评论时，投资者分配的投资金额的均值是 28709.677，当公司评论折叠时，投资者分配的投资金额的均值为 30000.000，假设 3 得到验证。

**表 6-5　采用不相关的评论时评论折叠行为对投资者投资判断的影响分析（因变量：投资者分配的投资金额）**

Panel A：描述性统计

| 评论性质 | 社交媒体平台评论折叠行为 | | | 均值 |
|---|---|---|---|---|
| | 系统评论折叠 | 评论不折叠 | 公司评论折叠 | |
| 不相关的评论 | 29625.000<br>(16643.801)<br>$N=31$ | 28709.677<br>(15862.310)<br>$N=31$ | 30000.000<br>(18200.274)<br>$N=33$ | 29670.103<br>(18814.180)<br>$N=95$ |

Panel B：单因素方差分析

| 来源 | 平方和 | 自由度 | 均方差 | F 值 | p 值 |
|---|---|---|---|---|---|
| 组间 | 6388261480.787 | 2 | 3194130740.394 | 0.881 | 0.679 |
| 组内 | 27593181818.182 | 94 | 293544487.427 | | |
| 合计 | 33981443298.969 | 96 | | | |

续表

| Panel C：多重比较（LSD） | | | | | |
|---|---|---|---|---|---|
| 比较对象 | 均值差（I-J） | 标准误 | 显著性 | 95%置信区间 | |
| | | | | 下界 | 上界 |
| 系统评论折叠 vs. 评论不折叠 | 915.323 | 425.712 | 0.230 | -18269.434 | 89.657 |
| 公司评论折叠 vs. 评论不折叠 | 1290.323 | 425.712 | 0.129 | -139.657 | 69.434 |
| 系统评论折叠 vs. 公司评论折叠 | -375.000 | 428.3285 | 0.302 | -145.437 | 14.563 |

当社交媒体平台评论信息采用相关的评论时，投资者的投资判断在公司评论折叠与评论不折叠两种情况下的差异更大。表 6-4 Panel B 的方差分析表明，评论折叠行为×评论性质的交互效应显著（$F = 12.091$，$p < 0.001$）。更为具体的，表 6-4 Panel A 的描述性分析和 Panel C 的多重比较结果表明，在评论信息采用相关的评论时，评论不折叠组投资者分配的投资金额的均值（32187.500）与公司评论折叠组投资者分配的投资金额的均值（22923.076）差异显著（$p<0.001$），验证了本书的假设 4。

## 四　中介效应分析结果

因变量为投资者分配的投资金额时，中介效应模型（评论折叠行为→投资者感知的公司坦率性→投资者感知的公司可信性）与因变量为投资者判断的投资吸引力时的结果是一致的，因此在这一部分只验证链式中介效应模型的后半部分——投资者感知的公司坦率性→投资者感知的公司可信性→投资者分配的投资金额，并用结构方程模型进行中介效应检验。

因变量为投资者分配的投资金额时，可信性的中介效应结果如表 6-6 和图 6-3 所示，投资者感知的公司坦率性与投资者分配的投资金额之间存在显著的正相关（$c=2873.662$，$p=0.002$）；投资者感知的公司坦率性和投资者感知的公司可信性之间存在显著的正相关（$a=0.581$，$p<0.001$）；当把投资者感知的公司坦率性与投资者感知的公司可信性同时放入回归模型，将投资者分配的投资金额作为因变量进行回归分析，发现投资者感知的公司坦率性不再显著（$c'=1281.901$，$p=0.219$），且投资者感知的公司可信性与投资者分配的投资金额之间的关系显著为正（$b=2740.762$，$p=0.018$），说明投资者感知的公司可信性完全中介了投资者感知的公司坦率性和投资者分配的投资金额之间的关系。

综合来看，在因变量为投资者分配的投资金额时，投资者感知的公司坦率性完全中介了评论折叠行为与投资者感知的公司可信性之间的关系；投资者感知的公司可信性完全中介了投资者感知的公司坦率性与投资者分配的投资金额之间的关系，公司在社交媒体平台上的评论折叠行为对投资者判断的股票估值的影响，先后被投资者感知的公司坦率性、公司可信性中介，与前述中介效应分析的结论是一致的。

**表 6-6　投资者感知的公司可信性中介效应的回归分析结果（因变量：投资者分配的投资金额）**

| 来源 | 模型 1<br>因变量:投资者分配的投资金额 | 模型 2<br>中介变量:投资者感知的公司可信性 | 模型 3<br>因变量:投资者分配的投资金额 |
|---|---|---|---|
| 截距项 | 6028.650<br>(0.116) | 1.350**<br>(0.010) | 2327.155<br>(0.548) |
| 投资者感知的公司坦率性 | 2873.662***<br>(0.002) | 0.581***<br>(<0.001) | 1281.901<br>(0.219) |
| 投资者感知的公司可信性(中介变量) | | | 2740.762**<br>(0.018) |
| F-stat | 11.557 | 26.337 | 9.544 |
| $Adj\text{-}R^2$ | 0.205 | 0.382 | 0.294 |

注：括号内为 p 值，*、**、*** 分别代表在 10%、5%和 1%水平上显著。

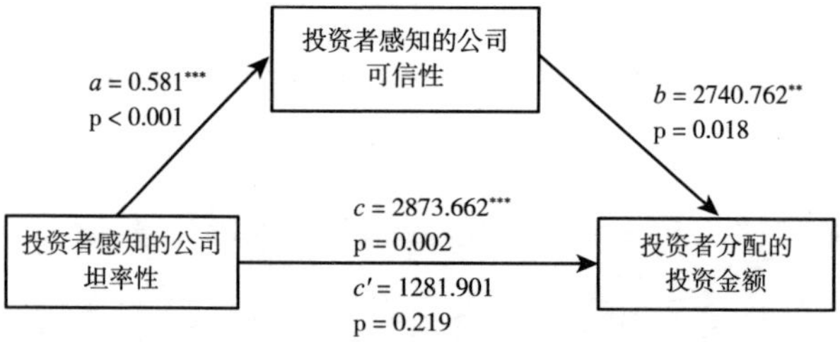


**图 6-3　投资者感知的公司可信性的中介效应（因变量：投资者分配的投资金额）**

图 6-4 列示了因变量为投资者分配的投资金额时的中介效应检验结果，模型的 CFI = 1.000>0.95，df = 0，Chi-square = 0，该模型是一个饱和模型，此时模型刚好被识别，模型变量矩阵与实际数据变量矩阵不存在预测上的差异，所有需要估计的参数（变量之间的回归系数、方差、协方差）数目等于方差协方差矩阵中的

元素数目，模型中的拟合参数即为实际数据的真实反映，因此不使用拟合指数估计，模型直接关注研究变量之间的回归系数和显著性（Steeger and Gondoli，2013；卫旭华，2016）。从图 6-4 可以看出，评论折叠行为与投资者感知的公司坦率性之间存在显著的正相关（$a=3.333$，$p<0.001$）；投资者感知的公司坦率性与投资者感知的公司可信性之间存在显著的正相关（$b=0.581$，$p<0.001$）；投资者感知的公司可信性与投资者分配的投资金额之间存在显著的正相关（$c=2884.910$，$p=0.002$）；评论折叠行为对投资者分配的投资金额的直接影响显著为正（$d=7627.573$，$p=0.079$）。综合来看，当评论信息采用相关的评论时，公司在社交媒体平台上的评论折叠行为对投资者分配的投资金额的影响，先后被投资者感知的公司坦率性、公司可信性中介。

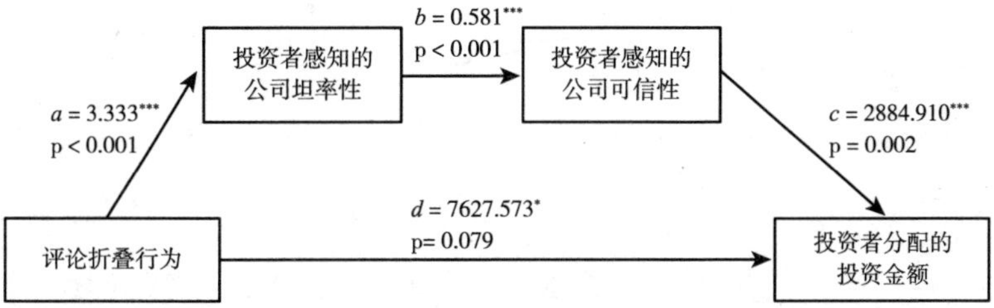


**图 6-4　结构方程模型的中介检验（因变量：投资者分配的投资金额）**

## 第三节　运用主成分分析法的实验结果分析

由于本书因变量投资者的投资判断包括三个方面，分别是投资者的估值判断、投资者判断的投资吸引力以及投资者分配的投资金额，为了进一步验证本书结论的稳健性，我们采用主成分分析的方法将三个因变量综合成一个指标并将这一个指标命名为投资意愿，将投资意愿作为因变量进行假设验证。

20世纪初，Pearson（1901）首次从理论层面提出了主成分分析的主要思想，其后Hotelling（1933）将主成分分析方法进行实例化。主成分分析（Principal Component Analysis，PCA）旨在将多维数据进行降维，以将多个存在相关性的研究变量转换为尽可能少的一组独立新变量，降低多个研究变量之间的信息重叠，最大化保持原有变量的信息，该方法被广泛应用于研究对象可以用多个变量进行度量的研究领域（Kramer，1991；Belhumeur，Hespanha，and Kriegman，1997；Kaiser，1974）。

我们首先计算了三个因变量的克伦巴赫系数$\alpha=0.829$，大于0.7，表明三个因变量之间的内部一致性非常高，各个变量之间的信息有重叠，可以进行主成分分析。我们采用主成分分析法对实验中的三个因变量进行降维，主成分分析的结果表明，KMO指数为0.679，Bartlett球形检验的卡方值为150.308，显著性$p<0.001$，该结果中，KMO指数大于0.5，Bartlett球形检验卡方统计值的p值小于0.05，能够满足主成分分析法的结构效度要求，适合进行主成分分析（Kaiser，1974；云昕等，2015；王晓巍、陈逢博，2014；鲁耀斌、周涛，2005）。根据主成分分析结果，特征值为2.238，大于1，第一主成分能够解释的方差占总方差的74.585%，已经解释了大部分方差，因此选取第一主成分作为投资者投资判断的新指标，将其称为投资者的投资意愿。

## 一　评论折叠行为对投资意愿的影响

表 6-7 列示了因变量为投资意愿时，投资者投资判断的描述性统计和方差分析结果。从表 6-7 Panel B 的方差分析中可以看出，评论折叠行为的主效应是显著的（F=7.608，p=0.007），对应到表 6-7 Panel A 的描述性统计中可以看出，对于公司评论折叠组，投资者投资意愿的均值为-0.61，对于评论不折叠组，投资者的投资意愿的均值为 0.18，公司评论折叠组投资者的投资意愿显著低于评论不折叠组投资者的投资意愿，与前述分析一致，验证了本书的假设 1。

**表 6-7　投资者的投资意愿的分析结果**

Panel A:描述性统计

| 评论性质 | 社交媒体平台评论折叠行为 | | 均值 |
|---|---|---|---|
| | 公司评论折叠 | 评论不折叠 | |
| 不相关的评论 | 0.37<br>(1.521)<br>$N=33$ | 0.55<br>(1.341)<br>$N=31$ | 0.46<br>(1.422)<br>$N=64$ |
| 相关的评论 | -1.63<br>(1.104)<br>$N=32$ | -0.19<br>(1.416)<br>$N=33$ | -0.90<br>(1.451)<br>$N=65$ |
| 均值 | -0.61<br>(1.663)<br>$N=65$ | 0.18<br>(1.413)<br>$N=64$ | -0.22<br>(1.586)<br>$N=129$ |

Panel B:方差分析

| 来源 | 平方和 | 自由度 | 均方差 | F 值 | p 值 |
|---|---|---|---|---|---|
| 校正模型 | 62.167 | 3 | 20.722 | 11.259 | <0.001 |
| 截距项 | 4.309 | 1 | 4.309 | 2.341 | 0.130 |
| 评论折叠行为 | 14.002 | 1 | 14.002 | 7.608 | 0.007 |
| 评论性质 | 40.086 | 1 | 40.086 | 21.781 | <0.001 |

续表

| Panel B：方差分析 | | | | | |
|---|---|---|---|---|---|
| 来源 | 平方和 | 自由度 | 均方差 | F 值 | p 值 |
| 评论折叠行为×评论性质 | 8.438 | 1 | 8.438 | 4.585 | 0.035 |
| 误差 | 149.077 | 125 | 1.840 | | |
| 合计 | 215.290 | 129 | | | |
| 修正合计 | 211.244 | 128 | | | |
| $R^2=0.263$（$Adj\text{-}R^2=0.236$） | | | | | |

| Panel C：多重比较（LSD） | | | | | |
|---|---|---|---|---|---|
| 比较对象 | 均值差（I-J） | 标准误 | 显著性 | 95%置信区间 | |
| | | | | 下界 | 上界 |
| 不相关的评论：评论不折叠 vs. 评论折叠 | 0.182 | 0.414 | 0.662 | -0.642 | 1.005 |
| 相关的评论：评论不折叠 vs. 评论折叠 | 1.442 | 0.419 | 0.001 | 0.609 | 2.275 |

## 二　评论性质对投资者投资意愿的影响

从表 6-7 Panel B 的方差分析中可以看出，评论性质的主效应是显著的（$F=21.781$，$p<0.001$），对应到表 6-7 Panel A 的描述性统计中可以看出，对于评论信息采用不相关的内容时，投资者投资意愿的均值为 0.46，对于评论信息采用相关的内容时，投资者投资意愿的均值为-0.90。结合方差分析的结果，相对于不相关的评论信息，在评论信息采用相关的评论时投资者的投资意愿更低，该结果与前述的分析结果一致，结果验证了本书的假设 2。

## 三　评论折叠行为和评论性质对投资者投资意愿的共同影响

在评论信息采用不相关的评论的情况下，无论公司是否进行评论折叠，投资者判断的投资吸引力都不存在显著性差异。更进一步地，单因素方差分析结果表明系统评论折叠、评论不折叠和公司评论折叠三组之间不具有显著差异（F=0.229，p=0.801）。表6-8 Panel C的多重比较分析表明，在评论信息采用不相关的评论的情况下，系统评论折叠与评论不折叠之间不存在显著性差异（p=0.190），公司评论折叠与评论不折叠之间不存在显著性差异（p=0.211），系统评论折叠和公司评论折叠之间不存在显著性差异（p=0.176）。对应到表6-8 Panel A的描述性统计中可以看出，在评论信息采用不相关的内容的情况下，当系统评论折叠时，投资者判断的投资意愿的均值是0.45，当公司在社交媒体平台不折叠评论时，投资者判断的投资意愿的均值是0.55，当公司评论折叠时，投资者判断的投资意愿的均值为0.37。投资者判断的投资意愿在公司评论折叠和评论不折叠的情况下不存在显著性差异。

**表6-8 采用不相关的评论时评论折叠行为对投资者投资判断的影响分析（因变量：投资者的投资意愿）**

Panel A：描述性统计

| 评论性质 | 社交媒体平台评论折叠行为 | | | 均值 |
|---|---|---|---|---|
| | 系统评论折叠 | 评论不折叠 | 公司评论折叠 | |
| 不相关的评论 | 0.45<br>(1.116)<br>$N=31$ | 0.55<br>(1.341)<br>$N=31$ | 0.37<br>(1.521)<br>$N=33$ | 0.46<br>(1.293)<br>$N=95$ |

Panel B：单因素方差分析

| 来源 | 平方和 | 自由度 | 均方差 | F值 | p值 |
|---|---|---|---|---|---|
| 组间 | 212.994 | 2 | 15.377 | 0.229 | 0.801 |

续表

Panel B:单因素方差分析

| | | | | | |
|---|---|---|---|---|---|
| 组内 | 235.117 | 94 | 1.990 | | |
| 合计 | 210.223 | 96 | | | |

Panel C:多重比较(LSD)

| 比较对象 | 均值差(I-J) | 标准误 | 显著性 | 95%置信区间 | |
|---|---|---|---|---|---|
| | | | | 下界 | 上界 |
| 系统评论折叠 vs. 评论不折叠 | -0.100 | 0.351 | 0.190 | -0.798 | 0.598 |
| 公司评论折叠 vs. 评论不折叠 | -0.182 | 0.399 | 0.211 | -0.975 | 0.612 |
| 系统评论折叠 vs. 公司评论折叠 | -0.081 | 0.345 | 0.176 | -0.769 | 0.606 |

当社交媒体平台评论信息采用相关的内容时，投资者的投资判断在公司评论折叠与评论不折叠两种情况下的差异较大。表 6-7 Panel B 的方差分析表明，评论折叠行为×评论性质的交互效应显著（$F=4.585$，$p=0.035$）。更为具体的，表 6-7 Panel A 的描述性分析和 Panel C 的多重比较结果表明，在评论信息采用相关的内容时，评论不折叠组投资者判断的投资意愿的均值(0.18)与公司评论折叠组投资者判断的投资意愿的均值（-0.61）之间差异显著（$p=0.001$），验证了本书的假设 4。

## 四　中介效应分析结果

因变量为投资者的投资意愿时，中介效应模型（评论折叠行为→投资者感知的公司坦率性→投资者感知的公司可信性）与因变量为投资者判断的投资吸引力时的结果是一致的，因此在这一部分只验证链式中介效应模型的后半部分——投资者感知的公司坦率性→投资者感知的公司可信性→投资者的投资意愿，并用结构方程模型检验中介效应。

因变量为投资者的投资意愿时，可信性的中介效应结果如表6-9和图6-5所示，投资者感知的公司坦率性与投资者投资意愿之间存在显著的正相关（$c=0.324$，$p<0.001$）；投资者感知的公司坦率性和投资者感知的公司可信性之间存在显著的正相关（$a=0.584$，$p<0.001$）；当把投资者感知的公司坦率性与投资者感知的公司可信性同时放入回归模型，将投资意愿作为因变量进行回归分析，发现投资者感知的公司坦率性依然影响投资意愿，但是显著性降低（$c'=0.165$，$p=0.065$），且投资者感知的公司可信性与投资者投资意愿之间的关系显著为正（$b=0.271$，$p=0.006$），说明投资者感知的公司可信性部分中介了投资者感知的公司坦率性和投资者的投资意愿之间的关系。

综合来看，在把投资意愿作为因变量时，投资者感知的公司坦率性完全中介了评论折叠行为与投资者感知的公司可信性之间的关系；投资者感知的公司可信性部分中介了投资者感知的公司坦率性与投资意愿之间的关系，公司在社交媒体平台上的评论折叠行为对投资意愿的影响，先后被投资者感知的公司坦率性、公司可信性中介，与中介效应检验的结论是一致的。

**表 6-9　投资者感知的公司可信性中介效应回归分析结果（因变量：投资者的投资意愿）**

| 来源 | 模型 1<br>因变量:投资者的投资意愿 | 模型 2<br>中介变量:投资者感知的公司可信性 | 模型 3<br>因变量:投资者的投资意愿 |
|---|---|---|---|
| 截距项 | −2.103***<br>(<0.001) | 1.310**<br>(0.014) | −2.458***<br>(<0.001) |
| 投资者感知的公司坦率性 | 0.324***<br>(<0.001) | 0.584***<br>(<0.001) | 0.165*<br>(0.065) |
| 投资者感知的公司可信性（中介变量） | | | 0.271***<br>(0.006) |
| F-stat | 19.223 | 25.799 | 15.636 |
| Adj-$R^2$ | 0.308 | 0.377 | 0.417 |

注：对评论折叠行为赋值，当公司在社交媒体平台不折叠评论时取值 1，当公司在社交媒体平台折叠评论时取值 0；括号内为 p 值，*、**、*** 分别代表在 10%、5%和 1%水平上显著。

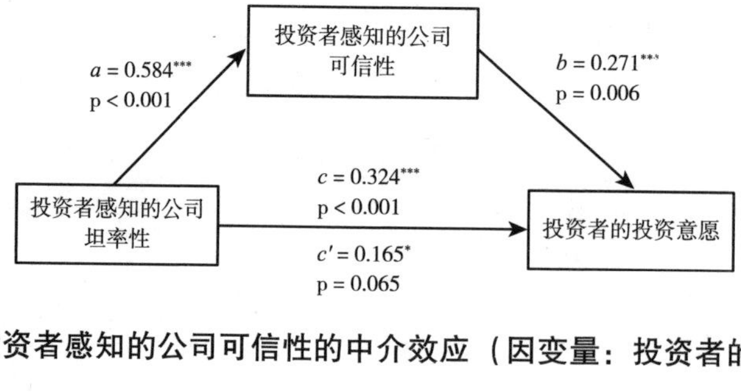


**图 6-5　投资者感知的公司可信性的中介效应（因变量：投资者的投资意愿）**

同样用结构方程模型进行中介检验，图 6-6 列示了因变量为投资意愿时的中介效应检验结果，模型的 CFI = 1>0.95，$\chi^2$/df = 1.418<3，p = 0.492>0.05，RMSEA = 0.000<0.08，表明模型的拟合度较好。从图 6-6 可以看出，评论折叠行为与投资者感知的公

司坦率性之间存在显著的正相关（$a=3.238$，$p<0.001$）；投资者感知的公司坦率性与投资者感知的公司可信性之间存在显著的正相关（$b=0.584$，$p<0.001$）；投资者感知的公司可信性与投资者的投资意愿之间存在着显著的正相关关系（$c=0.306$，$p<0.001$）；而评论折叠行为对投资者投资意愿的直接影响显著为正（$d=0.792$，$p=0.032$）。综合来看，当评论信息采用相关的内容时，公司在社交媒体平台上的评论折叠行为对投资者投资意愿的影响，先后被投资者感知的公司坦率性、公司可信性中介，中介效应得到验证。

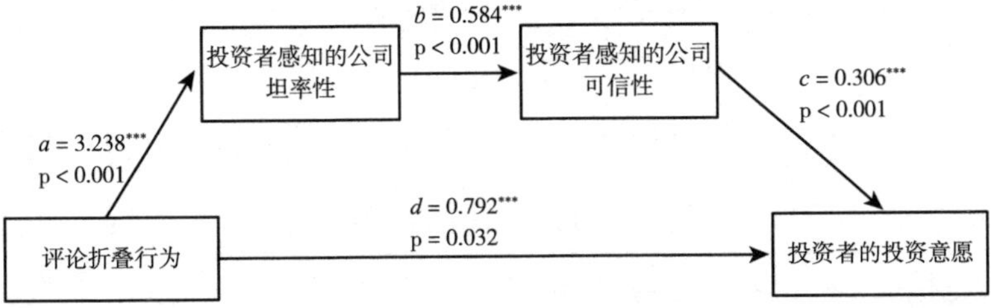


**图 6-6 结构方程模型的中介检验（因变量：投资者的投资意愿）**

# 第七章　评论折叠对个体投资者判断与决策的其他影响路径分析

## 第一节　预期违背理论中介路径分析

在理论分析和假设提出部分，本书根据人际欺骗理论提出假设公司在社交媒体平台上的评论折叠行为对投资者投资判断的影响先后被投资者感知的公司坦率性和投资者感知的公司可信性中介的中介效应模型。除人际欺骗理论外，预期违背理论似乎也能够揭示评论折叠行为为什么以及如何影响投资者投资判断。

传播学领域的预期违背理论（Expectancy Violation Theory，EVT）指出，在人际互动过程中，信息接收者往往会基于社会规范、典型性行为、对信息发送者的认知等对信息发送者的行为有所预期，并根据这个预期来评估信息发送者的行为。如果信息接收者观察到信息发送者的实际行为和预期行为之间存在差异，信息接收者会根据实际行为偏离预期的程度（正面或者负面偏离）对信息发送者产生正面或者负面的评估（Burgoon，1978；Burgoon，1993；Burgoon，Lepoire，and Rosenthal，1995）。违反预期，尤其是对预期行为的消极偏离，会产生负面的沟通后果。例如，Rogers、Buskirk 和 Zechman（2011）发现信息披露中使用积极的语调会增加公司的诉讼风险，这是因为投资者预期管理层会使用中性的语调来进行信息披露，积极的语调违背了这一预期，带来负面感知的同时增加了诉讼风险。

为了排除预期违背理论，我们考虑在预期违背理论下，折叠评论行为影响投资者判断的具体路径并用三步法进行验证。预期违背理论的核心是个体产生预期、发现预期违背（积极或者消极）、个体产生反馈（积极或者消极的反应）。Burgoon（1993）将预期定义为基于社会规则、双方了解基础上的行为预测，是预期会发生的行为，而不是满意的行为。Burgoon（1993）指出预期代表了沟通双方的共同理解和规则，会帮助个体进行预测同时可以帮助评估个体的实际行为。Burgoon（1978）将预期违背定义为对持有预期的任何偏离，这种偏离可能是正面的，也可能是负面的。预期违背理论指出，违背行为会激活个体的兴趣或者注意力并唤醒大脑中的适应或者防御机制，导致一系列的沟通后果和反馈，不论是积极的偏离还是消极的偏离，都会被作为一种违背行为，触发解释和评价过程。

根据预期违背理论，若个体期待某件事情却看到了不同的结果，则该事件违背了个体预期，会引起个体注意并影响个体行为。具体而言，个体以积极或者消极的态度来解释违反预期的时间，这将会影响个体对违反者的可信性判断，并进一步影响个体随后的判断和决定（Clor-Proell，2009；Burgoon，1993）。在评论信息采用相关的内容时，投资者对公司在社交媒体平台上的互动沟通行为的预期是公司将呈现所有信息给投资者。因此，当公司在社交媒体平台上进行评论折叠时，投资者所观察到的公司行为与预期存在差异。Jones 和 Pittman（1982）指出，如果预期违背者体现出了不可告人的秘密，则个体对预期违背事件的解读将是负面的（Sezer，Gino，and Norton，2018）。在社交媒体平台上进行评论折叠是典型的违背投资者预期的负面行为，因此，相对于评论不折叠，在评论折叠的情况下，评论折叠行为产生的负面预期偏离会导致投资者较低的投资意愿。更为具体的，根据预期违背理论，评论折叠行为影响投资者投资判断的可能路径是：评论折叠行为→投资者感知的公司行为符合预期的程度→投资判断。同时，考虑到评论折叠行为也可能会以投资者感到惊讶的方式表达出来，评论折叠影响投资者投资判断的路径也可能是：评论折叠行为→投资者的惊讶程度→投资判断。

我们分别对预期违背理论下评论折叠行为影响投资者投资判断的两条路径进行了验证。对于投资者感知的公司行为符合预期的程度，我们询问被试："您认为，A 公司在社交媒体上对评论信息的折叠处理，在多大程度上符合您的预期?"被试在 11 分量表上进行选择，0 分表示"一点也不符合预期"，10 分表示"完全符合预期"。对于投资者的惊讶程度，我们询问被试："您认为，A 公司在社交媒体上对评论信息的折叠处理，在多大程度上令人感到惊讶?"被试在 11 分量表上进行选择，0 分表示"一点也不惊讶"，10 分表示"非常惊讶"。其他自变量和因变量的度量与前面的实验研究一致。

表 7-1 和图 7-1 是利用三步法进行中介检验的结果。在中介

路径评论折叠行为→投资者感知的公司行为符合预期的程度→投资判断的检验中，评论折叠行为与投资者判断的投资吸引力之间存在显著的正相关（$c$=1.810，p=0.004），评论折叠行为与投资者感知的公司行为符合预期的程度之间存在显著的正相关（$a$=1.143，p=0.073）；在回归模型中同时加入评论折叠行为和投资者感知的公司行为符合预期的程度，评论折叠行为与投资者判断的投资吸引力之间仍然存在显著的正相关（$c'$=1.682，p=0.008），但是投资者感知的公司行为符合预期的程度和投资者判断的投资吸引力之间的关系并不显著（$b$=0.112，p=0.360）。以上结果表明，投资者感知的公司行为符合预期的程度并没有中介评论折叠行为和投资者判断的投资吸引力之间的关系。

**表 7-1　投资者感知的公司行为符合预期的程度中介效应的回归分析结果**

| 来源 | 模型 1<br>因变量：投资者判断的投资吸引力 | 模型 2<br>中介变量：投资者感知的公司行为符合预期的程度 | 模型 3<br>因变量：投资者判断的投资吸引力 |
|---|---|---|---|
| 截距项 | 0.524<br>(0.574) | $4.048^{***}$<br>(0.002) | 0.072<br>(0.945) |
| 评论折叠行为 | $1.810^{***}$<br>(0.004) | $1.143^{*}$<br>($0.073^{b}$) | $1.682^{***}$<br>(0.008) |
| 投资者感知的公司行为符合预期的程度（中介变量） | | | 0.112<br>(0.360) |
| F-stat | 9.601 | 2.213 | 13.018 |
| Adj-$R^2$ | 0.173 | 0.029 | 0.370 |

注：对评论折叠行为赋值，当公司在社交媒体平台上不折叠评论时取值 1，当公司在社交媒体平台上折叠评论时取值 0；b 表示单尾显著，下同。

括号内为 p 值，*、**、*** 分别代表在 10%、5%和 1%水平上显著。

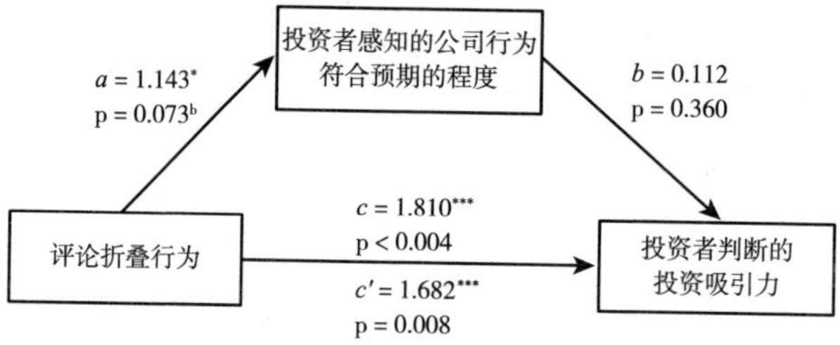


**图 7-1　投资者感知的公司行为符合预期的程度的中介效应**

表 7-2 和图 7-2 是利用三步法进行中介检验的结果。在中介路径评论折叠行为→投资者的惊讶程度→投资判断的检验中，评论折叠行为与投资者判断的投资吸引力之间存在显著的正相关（$c$=1.810，p=0.004），评论折叠行为与投资者的惊讶程度之间不存在显著的正相关（$a$=-1.000，p=0.219）；在回归模型中同时加入评论折叠行为和投资者感知的公司行为符合预期的程度，评论折叠行为与投资者判断的投资吸引力之间仍然存在显著的正相关（$c'$=1.685，p=0.007），但是投资者的惊讶程度和投资者判断的投资吸引力之间的关系并不显著（$b$=-0.124，p=0.287）。以上结果表明，投资者的惊讶程度并没有中介评论折叠行为和投资者判断的投资吸引力之间的关系。

**表 7-2　投资者的惊讶程度中介效应的回归分析结果**

| 来源 | 模型 1<br>因变量：投资者判断的投资吸引力 | 模型 2<br>中介变量：投资者的惊讶程度 | 模型 3<br>因变量：投资者判断的投资吸引力 |
|---|---|---|---|
| 截距项 | 0.524<br>（0.574） | 5.143<br>（<0.001） | 1.163<br>（0.295） |

**续表**

| 来源 | 模型 1<br>因变量:投资者判断的投资吸引力 | 模型 2<br>中介变量:投资者的惊讶程度 | 模型 3<br>因变量:投资者判断的投资吸引力 |
|---|---|---|---|
| 评论折叠行为 | 1.810***<br>(0.004) | -1.000<br>(0.219) | 1.685***<br>(0.007) |
| 投资者的惊讶程度（中介变量） | | | -0.124<br>(0.287) |
| F-stat | 9.601 | 1.561 | 5.402 |
| $Adj-R^2$ | 0.173 | .0135 | .177 |

注：对评论折叠行为赋值，当公司在社交媒体平台上不折叠评论时取值 1，当公司在社交媒体平台上折叠评论时取值 0；括号内为 p 值，*、**、*** 分别代表在 10%、5%和 1%水平上显著。

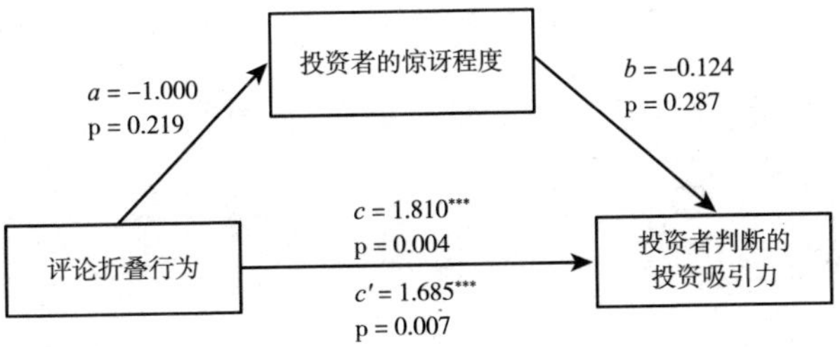


**图 7-2　投资者惊讶程度的中介效应**

根据以上对预期违背理论的分析和对在预期违背理论下，评论折叠行为可能影响投资者投资判断的两条路径（评论折叠行为→投资者感知的公司行为符合预期的程度→投资判断；评论折叠行为→投资者的惊讶程度→投资判断）的验证，投资者感知的公司行为符合预期的程度和投资者的惊讶程度均没有中介评论折叠行为和投资者投资判断两者之间的关系，这说明将预期违背理论用于解释本书的结果可能是不恰当的，故排除了预期违背理论的可能解释。

## 第二节 投资者感知的评论信息的完整性和公司可信性中介路径分析

在本书的中介路径分析中，评论信息采用相关的评论语言的情况下，投资者做出投资判断的路径是评论折叠行为→投资者感知的公司坦率性→投资者感知的公司可信性→投资者投资判断。虽然这一路径得到了验证，但是也有可能存在其他路径。根据人际欺骗理论，欺骗行为（隐瞒）可能会改变信息的完整性，个体在注意到公司评论折叠行为时，很可能会注意到评论信息的完整性缺失，从而导致个体对公司较低的可信性和投资意愿判断。因此另一条可能的中介路径是评论折叠行为→投资者感知的评论信息的完整性→投资者感知的公司可信性→投资者判断的投资吸引力。为了验证是否存在这条路径，我们采用三步法。

### 一 投资者感知的评论信息的完整性的中介效应分析

我们首先验证评论折叠行为→投资者感知的评论信息的完整性→投资者感知的公司可信性这一条路径。在表 7-3 和图 7-3 中，评论折叠行为与投资者感知的公司可信性之间存在显著的正相关（$c=2.143$，$p=0.003$）；自变量公司在社交媒体平台上的评论折叠行为与中介变量投资者感知的评论信息的完整性之间存在显著的正相关（$a$=1.905，p=0.022）；当把自变量公司在社交媒体平台上的评论折叠行为与中介变量投资者感知的评论信息的完整性同时放入回归模型，将投资者感知的公司可信性作为因变量进行回归，发现自变量公司在社交媒体平台上折叠评论的系数仍然显著（$c'$=1.500，p=0.028），但是显著性下降，且中介变量投资者感知的评论信息的完整性与因变量投资者感知的公司可信性的关系显著为正（$b$=0.337，p=0.009），说明在评论信息采用相关的评论时，投资者感知的评论信息的完整性部分中介了公司在社交媒体平台上的评论折叠行为与投资者感知的公司可信性之间的关系。

**表 7-3　投资者感知的评论信息的完整性中介效应的回归分析结果**

| 来源 | 模型 1<br>因变量:投资者感知的公司可信性 | 模型 2<br>中介变量:投资者感知的评论信息的完整性 | 模型 3<br>因变量:投资者感知的公司可信性 |
|---|---|---|---|
| 截距项 | 0.238<br>(0.822) | 2.333$^{*}$<br>(0.072) | −0.549<br>(0.592) |
| 评论折叠行为 | 2.143$^{***}$<br>(0.003) | 1.905$^{**}$<br>(0.022) | 1.500$^{**}$<br>(0.028) |
| 投资者感知的评论信息的完整性（中介变量） | | | 0.337$^{***}$<br>(0.009) |
| F-stat | 10.358 | 5.678 | 9.865 |
| Adj-$R^2$ | 0.186 | 0.102 | 0.302 |

注：对评论折叠行为赋值，当公司在社交媒体平台上不折叠评论时取值 1，当公司在社交媒体平台上折叠评论时取值 0；括号内为 p 值，*、**、*** 分别代表在 10%、5%和 1%水平上显著。

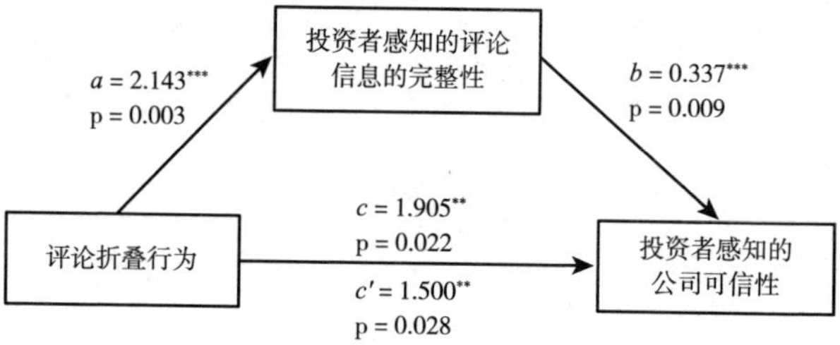


图 7-3　投资者感知的评论信息的完整性的中介效应

## 二　投资者感知的公司可信性的中介效应分析

在中介路径评论折叠行为→投资者感知的评论信息的完整性→投资者感知的公司可信性→投资者判断的投资吸引力的检验过程中，前述已经验证当评论信息采用相关的评论时，公司在社交媒体平台上的评论折叠行为对投资者感知的公司可信性的影响，被投资者感知的评论信息的完整性中介。在此分析投资者感知的公司可信性的中介效应。我们同时检验了因变量分别为投资者判断的投资吸引力、投资者判断的股票估值和投资者分配的投资金额时，投资者感知的公司可信性的中介效应。

如表 7-4 和图 7-4 所示，在因变量为投资者判断的投资吸引力时，投资者感知的评论信息的完整性与投资者判断的投资吸引力之间存在显著的正相关（$c=0.317$，$p=0.006$）；投资者感知的评论信息的完整性和投资者感知的公司可信性之间存在显著的正相关关系（$a=0.435$，$p=0.001$）；当把投资者感知的评论信息的完整性与投资者感知的公司可信性同时放入回归模型，将投资者判断的投资吸引力作为因变量进行回归分析，发现投资者感知的评论信息的完整性不再显著（$c'=0.163$，$p=0.174$），且投资者感知的公司可信性与投资者判断的投资吸引力之间的关系显著为正（$b=0.353$，$p=0.013$），说明投资者感知的公司可信性完全中介了投资者感知的评论信息的完整性和投资者判断的投资吸引力之间的关系。综合来看，在因变量为投资者判断的投资吸引力时，投资者感知的评论信息的完整性部分中介了评论折叠行为与投资者感知的公司可信性之间的关系；投资者感知的公司可信性完全中介了投资者感知的评论信息的完整性与投资者判断的投资吸引力之间的关系。评论折叠行为对投资者投资判断的影响依次被投资者感知的评论信息的完整性和投资感知的公司可信性中介，验证了另外一条可能的中介路径。

**表 7-4 其他中介路径的回归分析结果**
**（因变量：投资者判断的投资吸引力）**

| 来源 | 模型(1)<br>因变量:投资者判断的投资吸引力 | 模型(2)<br>中介变量:投资者感知的公司可信性 | 模型(3)<br>因变量:投资者判断的投资吸引力 |
|---|---|---|---|
| 截距项 | 1.594**<br>(0.017) | 1.193*<br>(0.097) | 1.173*<br>(0.066) |
| 投资者感知的评论信息的完整性 | 0.317***<br>(0.006) | 0.435***<br>(0.001) | 0.163<br>(0.174) |
| 投资者感知的公司可信性（中介变量） | | | 0.353**<br>(0.013) |
| F-stat | 8.378 | 13.166 | 8.229 |
| Adj-$R^2$ | 0.153 | 0.229 | 0.261 |

注：括号内为 p 值，*、**、*** 分别代表在 10%、5%和 1%水平上显著。

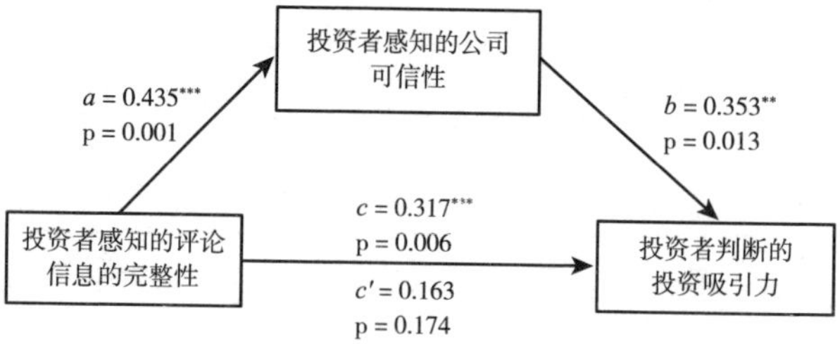


**图 7-4　其他中介路径检验（因变量：投资者判断的投资吸引力）**

如表7-5 和图 7-5 所示，在因变量为投资者判断的股票估值时，投资者感知的评论信息的完整性与投资者判断的股票估值之间存在显著的正相关（$c$ = 0. 296，p = 0. 006）；投资者感知的评论信息的完整性和投资者感知的公司可信性之间存在显著的正相关（$a$ = 0. 435，p = 0. 001）；当把投资者感知的评论信息的完整性与投资者感知的公司可信性同时放入回归模型，将投资者判断的股票估值作为因变量进行回归分析，发现投资者感知的评论信息的完整性不再显著（$c'$ = 0. 107，p = 0. 298），且投资者感知的公司可信性与投资者判断的股票估值之间的关系显著为正（$b$ = 0. 436，p = 0. 001），说明投资者感知的公司可信性完全中介了投资者感知的评论信息的完整性和投资者判断的股票估值之间的关系。综合来看，在因变量为投资者判断的股票估值时，投资者感知的评论信息的完整性部分中介了评论折叠行为与投资者感知的公司可信性之间的关系；投资者感知的公司可信性完全中介了投资者感知的评论信息的完整性与投资者判断的股票估值之间的关系。

**表 7-5　其他中介路径的回归分析结果（因变量：投资者判断的股票估值）**

| 来源 | 模型 1<br>因变量:投资者判断的股票估值 | 模型 2<br>中介变量:投资者感知的公司可信性 | 模型 3<br>因变量:投资者判断的股票估值 |
|---|---|---|---|
| 截距项 | 1.868 ***<br>(0.003) | 1.193 *<br>(0.097) | 1.348 **<br>(0.015) |
| 投资者感知的评论信息的完整性 | 0.296 ***<br>(0.006) | 0.435 ***<br>(0.001) | 0.107<br>(0.298) |
| 投资者感知的公司可信性（中介变量） | | | 0.436 ***<br>(0.001) |
| F-stat | 8.585 | 13.166 | 12.817 |
| Adj-$R^2$ | 0.156 | 0.229 | 0.366 |

注：括号内为 p 值，*、**、*** 分别代表在 10%、5%和 1%水平上显著。

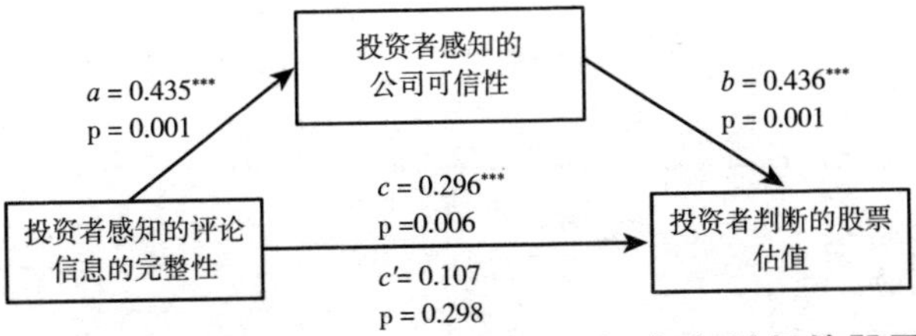


**图 7-5　其他中介路径检验（因变量：投资者判断的股票估值）**

如表 7-6 和图 7-6 所示，在因变量为投资者分配的投资金额时，投资者感知的评论信息的完整性与投资者分配的投资金额之间存在显著的正相关（$c$=2573.027，p=0.003）；投资者感知的评论信息的完整性和投资者感知的公司可信性之间存在显著的正相关（$a$=0.435，p=0.001）；当把投资者感知的评论信息的完整性与投资者感知的公司可信性同时放入回归模型，将投资者分配的投资金额作为因变量进行回归分析，发现投资者感知的评论信息的完整性不再显著（$c'=1327.627$，p=0.132），且投资者感知的公司可信性与投资者分配的投资金额之间的关系显著为正（$b=2861.619$，p=0.006），说明投资者感知的公司可信性完全中介了投资者感知的评论信息的完整性和投资者分配的投资金额之间的关系。综合来看，在因变量为投资者分配的投资金额时，投资者感知的评论信息的完整性部分中介了评论折叠行为与投资者感知的公司可信性之间的关系；投资者感知的公司可信性完全中介了投资者感知的评论信息的完整性与投资者分配的投资金额之间的关系。

**表 7-6　其他中介路径的回归分析结果（因变量：投资者分配的投资金额）**

| 来源 | 模型 1<br>因变量：投资者分配的投资金额 | 模型 2<br>中介变量：投资者感知的公司可信性 | 模型 3<br>因变量：投资者分配的投资金额 |
|---|---|---|---|
| 截距项 | 3073.337<br>(0.523) | 1.193*<br>(0.097) | -341.84<br>(0.940) |
| 投资者感知的评论信息的完整性 | 2573.027***<br>(0.003) | 0.435***<br>(0.001) | 1327.627<br>(0.132) |
| 投资者感知的公司可信性（中介变量） | | | 2861.619***<br>(0.006) |
| F-stat | 9.976 | 13.166 | 10.122 |
| Adj-$R^2$ | 0.180 | 0.229 | 0.308 |

注：括号内为 p 值，*、**、*** 分别代表在 10%、5%和 1%水平上显著。

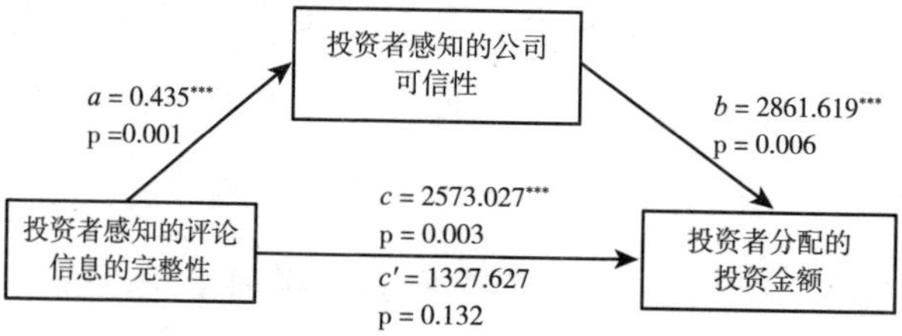


**图 7-6　其他中介路径检验（因变量：投资者分配的投资金额）**

# 第八章　研究结论与分析讨论

本书运用传播学和心理学的相关理论，使用实验研究方法，研究公司在社交媒体平台上的评论折叠行为和评论性质分别以及共同对投资者投资判断的影响。基于前述分析，本章对研究结论进行总结与分析。本章节共分为两部分内容：第一节总结本书的主要研究结论；第二节阐释研究对实践的启示。

## 第一节　研究结论

网络社交媒体的兴起逐渐渗透并影响了公司的披露行为，管理层和公司使用社交媒体平台与投资者进行沟通交流，社交媒体平台逐渐成为公司进行信息披露和与投资者进行信息分享的重要方式。在实践中，各个社交平台为了维护网上沟通交流的顺畅、舒适，营造良好的社交媒体问答氛围，在社交媒体系统中嵌入评论折叠功能，这种评论折叠行为可能是自发的，也可能是发布者发起的。此外，在对被折叠评论进行分析的过程中发现，一些被折叠的评论采用了与主题不相关的评论，而一些被折叠的评论采用了与主题相关的评论。评论折叠行为和评论性质可能会影响投资者的投资判断。本书采用 3×2 的被试间实验设计，运用人际欺骗理论、认知反应理论和三维归因理论等相关理论及相关文献，分析并检验了公司在社交媒体平台上的评论折叠行为与评论性质分别以及共同对投资者投资判断的影响。本书的主要研究结论如下。

第一，传播学和心理学的理论分析认为，根据人际欺骗理论，公司在社交媒体平台上折叠评论会对投资者的投资判断产生影响，具体而言，折叠评论作为一种隐瞒行为，是欺骗的一种，会降低投资者感知的公司坦率性和可信性，并最终降低投资者的投资意愿；根据心理学的认知反应理论，评论性质会对投资者的投资判断产生影响。投资者在判断与决策过程中会对相关和不相关的评论赋予不同的权重，这意味着，在评论信息采用不相关的评论和评论信息采用相关的评论两种情况下，投资者做出的投资判断会存在差异；我们分析认为，评论折叠行为与评论性质会共同影响投资者的投资判断。当评论信息采用不相关的评论时，投资者会表现出对评论信息的拒绝，投资者基于心理认知反应产生的信息拒绝与公司评论折叠行为产生的效果一致，此时，评论折叠行为不会对投资者的投资判断产生影响；当评论信息采用相关的评论时，评论折叠行为会影响投资者的投资判断。此外，当评论信息采用相关的评论时，公司在社交媒体平台上的评论折叠行为对投资者投资判断的影响，先后被投资者感知的公司坦率性、投资者感知的公司可信性中介。

第二，本书的实验结果验证了理论分析和假设，具体而言，相比不折叠评论，在公司评论折叠的情况下，投资者的投资意愿更低；相对于评论信息采用不相关的评论，在评论信息采用相关的评论的情况下，投资者的投资意愿更低。

第三，评论折叠行为与评论性质会共同影响投资者的投资判断。这意味着评论折叠行为是否会影响投资者投资判断取决于被折叠评论是否采用了不相关的评论。具体而言：（1）当评论信息采用相关的评论时，相对于不折叠评论，在公司评论折叠的情况下，投资者的投资意愿更低；（2）当评论信息采用不相关的评论时，在评论不折叠、公司评论折叠、系统评论折叠三种情况下，投资者的投资判断没有显著差异。

第四，中介分析效应表明，当评论信息采用相关的评论时，评论折叠行为对投资者的投资判断的影响，先后被投资者感知的公司坦率性和投资者感知的公司可信性中介。

## 第二节　研究启示

随着信息技术的发展，公司在使用网络平台加强与投资者的互动交流的过程中，利用网络的便利性和广泛性，加快信息传播的速度。不同于传统的公司信息披露方式，社交媒体平台信息披露涉及投资者和公司的互动，公司在线披露信息，投资者可以随时针对这些信息进行评论和信息共享。这使社交媒体平台中公司的信息披露行为具有人际交流互动的性质且更为复杂，这种互动性和复杂性特征集中地体现在投资者的评论当中。网络的开放性决定了评论信息来源的多样性和广泛性，在实践中，我们发现这些评论信息的特征多样，其中一个重要的特征是一些评论信息与发布者发布的信息高度相关，而一些评论信息则更倾向于与信息发布者发布的信息不相关，即社交媒体评论可被分为相关的评论和不相关的评论信息。社交媒体平台提供了相应的功能来方便用户对不当评论进行控制，以维持和保证网络社交媒体平台中沟通交流的和谐氛围。评论折叠功能即是为用户提供可以决定哪些评论可被披露和展示的自主决定权，这一功能的最初目的是保证线上交流环境的清洁和文明，营造和谐、舒适的线上问答氛围。但是在实践中，公司信息披露的重要目标之一是向投资者展示公司优势，吸引和增加投资者的注意。公司在社交媒体平台上的信息披露行为具有很大的自主决定权。虽然评论折叠功能的最初目的是过滤掉不当的言论，但在实践中我们发现，一些相关的评论也被折叠掉了。目前的研究很少涉及评论信息对投资者投资判断的影响，也很少有研究关注社交媒体平台上的评论折叠行为。评论折叠行为和评论性质问题涉及传播学和心理学的相关理论，本书基于人际欺骗理论、认知反应理论和三维归因理论，分析并检验了公司在社交媒体平台上的评论折叠行为与评论性质对投资者投资判断的影响。目前还没有颁布专门针对社交媒体平台信息披露的准则和规定，因此，这一讨论对监管层、公司管理层和投资者都有一定的实际意义。公司作为社交媒体平台的用户，使用评论折叠功能对在线评论进行控制，对于公司管理层而言，关注和了解投资者如何对评论折叠行为做出反应，能够启发其是否以及如何使用评论折叠功能，为管理层更好地使用社交媒体平台发布信息以达到公司目的提供借鉴；投资者作为在线信息披露的信息接收者，直接参与评论和信息共享，评论折叠行为将会影响投资者可以接触和看到的评论信息，了解公司在社交媒体平台上的沟通交流过程中对信息的控制，能够让投资者关注到公司可能在哪些方面通过何种方式影响了投资者的决策与判断，这对投资者做出准确的投资判断具有实际意义；对社交媒体平台中各主体之间的行为的了解和分析，将有助于监管层、准则制定者制定和完善专门针对社交媒体平台信息披露的准则和规定。当前还没有形成完善的针对社交媒体平台信息披露的准则和规定，了解公司在社交媒体平台上可能做出的信息控制行为和投资者的反应，有利于监管者、准则制定者判断其合理性。公司利用评论折叠行为对在线评论进行控制，这种行为是否影响投资者判断，是否合理、如何规范，该问题不仅具有理论价值，还具有实践价值，因此，考虑该问题对于制定和完善针对社交媒体平台信息披露的准则和规定是重要的。更为详细的实践启示论述如下。

### （一）公司应合理使用社交媒体平台提供的信息控制权

社交媒体平台具有开放性和自由性，在社交媒体平台中，公司作为信息发布者，在社交媒体平台中作为用户存在，评论人基于公司创立的在线账户进行评论，在与投资者的在线互动过程中，公司具有很大的自主权，既能够控制所发布的信息，也能够对评论进行实时监控。社交媒体平台提供的各项功能，既方便了公司作为用户的信息发布过程，也为公司控制评论信息提供了可能。评论折叠功能的最初目的是避免不当言论对社交环境的污染，妨碍信息接收者的信息处理过程，但是评论折叠功能的实际操作权掌握在公司手中，这意味着，评论折叠功能对社交媒体而言，是净化器，而对公司而言，更像是一种信息控制权，可以帮助公司过滤掉不愿意让投资者看到的信息。在实际中，我们确实发现了折叠掉相关的评论、负面评论的现象，这意味着，公司确实在使用和利用评论折叠功能来控制评论信息，本书的研究揭示了这一现象。除此之外，公司的目的是利用社交媒体平台展示公司的优势，吸引投资者，评论折叠也是基于这一目的。但是我们在研究中发现，相对于评论不折叠，在评论折叠的情况下，投资者的投资意愿更低。这意味着从实践出发，公司利用评论折叠功能作为信息控制权来过滤掉负面评论的过程中，如果这一负面评论采用的是相关的评论，公司不仅不能达成目标，还会适得其反，损害公司的利益。这一发现提醒公司在利用社交媒体平台进行信息披露的过程中，应当保持谨慎态度并考虑投资者可能做出的反应。恰当地使用信息控制权能够塑造清洁、文明、和谐的在线交流环境，但是过度使用信息控制权则可能对投资者的投资判断产生负面影响。

### （二）准则制定者应关注社交媒体评论区内容

长期以来，准则制定者对信息披露行为的关注主要在于公司信息披露，即公司按照规定进行信息披露或者自愿进行信息披露的相关内容，包括信息内容和格式等。与传统的信息披露方式不同的是，在社交媒体平台中，信息沟通过程变成一个人际互动过程，除由公司发布的原始信息之外，评论区也充斥着大量的信息，这意味着在社交媒体平台中，信息披露问题变得更为复杂。公司会对评论进行回复，也可以对评论进行一定的操作，在本书中，我们将公司对评论的关注限定在公司可能对评论进行折叠的范围。这超出了传统的信息披露准则所关注的范围，本书关注了评论区内容，为准则制定者考虑在制定针对社交媒体信息披露规范的过程中，是否以及如何认识评论区内容提供借鉴。根据本书的研究内容，公司会关注评论区内容，且会根据不同的评论，利用评论折叠功能，折叠采用相关的评论进行表述的负面信息，这意味着，在社交媒体平台中，对评论区内容的控制在实践中已被纳入公司信息披露的一部分且受到了公司的关注，准则制定者应当关注这一问题，考虑在针对社交媒体平台的准则制定过程中，是否将评论区内容纳入信息披露规范当中。除此之外，公司在社交媒体平台中，对不同的评论信息将会做出不同的反应。这些行为是否恰当，也是准则制定者需要考虑的内容。本书的研究结论表明，利用系统自动过滤不当言论，不会对投资者的投资反应产生负面影响，但是如果公司过滤掉相关的负面言论，则投资者判断的投资吸引力会更低。这意味着，公司利用评论折叠行为并非完全不合理，只有在出于自身利益，令投资者产生负面感知时，评论折叠行为才是不恰当的。这为准则制定者分辨公司行为的合理性提供了一定的实践基础。准则制定者在规范公司在线信息披露行为时，应当考虑社交媒体实践，扩大关注的范围，同时根据具体情况，细化考虑公司可能在社交媒体平台中的行为，以求对公司在线信息披露行为进行全面的规范，最大化规范非传统信息披露行为，保证信息使用者和公司的利益，发挥信息有用功能。

### （三）投资者应恰当评价公司在线沟通中的行为

投资者在社交媒体平台中获取、分享信息，网络交流节约了信息获取的时间成本，提高了效率，同时由于网络的开源性，投资者得以获得非常广泛的信息。这也带来了一些弊端，例如投资者不得不分辨信息的有用性，可能会在阅读过程中，出现信息超载的现象。评论折叠功能的出现，能够缓解这一问题。但是投资者也应当注意到，公司很可能使用评论折叠功能来做出不利于投资者的行为，例如折叠掉负面信息，这部分信息可能对投资者的决策有用但是公司并不希望投资者关注到。这里要注意的一个问题是，并非所有的评论折叠行为都是不当的，也并非所有的评论折叠行为是恰当的。因此，公司是否出于自身目的对评论信息进行折叠，这一问题要根据实际情况进行判断。投资者在社交媒体平台中进行互动交流的过程中，应关注社交媒体平台中各项功能的使用规则和可能情况，加深对在线沟通中公司行为的理解，从而提高信息判断与决策过程中的辨别能力，考虑不同情况，做出正确判断。

# 第九章　研究局限性与未来研究方向

本书采用实验研究方法研究公司在社交媒体平台上的评论折叠行为和评论性质对投资者投资判断的影响，得出了评论折叠行为和评论性质单独以及共同将影响投资者投资判断的结论，并指出了本书的理论意义和实践意义。不可避免地，本书存在一定的局限性。这一部分说明了本书存在的局限性，同时说明了基于本书的研究内容，未来的研究方向。

## 第一节　研究局限性

### （一）仅考虑了负面评论信息，没有考虑正面评论信息

本书在讨论评论折叠行为和评论性质对投资者投资判断的影响的过程中，将被折叠评论信息限定为负面评论，实验材料中采用的也是来源于社交媒体平台的负面评论。实践中，有极少量的正面评论也会被折叠掉。我们在研究中出于折叠负面评论比折叠正面评论更为普遍的考虑，仅将负面评论作为实验材料的依据，没有考虑折叠正面评论这一行为对投资者投资判断的影响。

### （二）没有使用专业的投资者作为被试

本书基于 Koonce、Leitter 和 White（2019），Maines 和 McDaniel（2000），Hales、Kuang 和 Venkataraman（2011），Brown（2014）以及 Han 和 Tan（2010）的研究将具有财务管理、会计知识的 MPAcc 和 MBA 作为被试，没有考虑社交媒体评论折叠行为和评论性质对专业投资者（例如分析师）的影响。非专业投资者的缺点是投资经验不够丰富，在信息加工过程中会出现非理性行为和信息过载，相对于专业投资者，非专业投资者更可能出现投资判断偏误（Maines and McDaniel，2000）。不同类型的投资者是否会有不同的投资判断与决策？当前实验中并没有关注这一问题。专业投资者的优势之一是熟练使用估值模型来进行判断与决策，考虑评论折叠行为对专业投资者的影响，将能够丰富本书的研究结论。此外，还可以根据其他标准对投资者的类型进行划分，例如按照是否已经持有公司的股票区分为当前投资者和潜在投资者，按照投资者的投资意图将投资者分为短期投资者和长期投资者，按照投资者的投资方式将投资者分为多头投资者和空头投资者，等等。根据已有的研究，不同类型投资者做出的投资判断是不同的（Hales，2007；Han and Tan，2010），后续研究可以对这些不同投资者类型进行考虑。

## 第二节　未来研究方向

社交媒体信息披露问题的研究尚在兴起阶段，本书将社交媒体平台上信息发布者的评论折叠行为作为研究对象，未来的研究方向还可以考虑以下内容。

### （一）考察其他性质评论对投资者投资判断的影响

社交媒体评论信息非常广泛，本书只选择了其中的一个分类进行研究。本书从语用学角度出发，将评论分为采用相关评论信息的评论和采用不相关评论信息的评论，未来的研究可以考虑从语言结构等角度入手，对评论进行新的区分，以研究评论性质或者折叠不同性质评论的影响。不同性质的评论可能对投资者的投资判断产生不同的影响，例如，可以从语言结构角度入手，考虑评论中是否出现第一人称、是否使用敬语、是否包含了被动语态等会对投资者的投资判断产生什么影响。

### （二）考察信息发布者的其他社交媒体行为的影响

本书实际上考虑了信息发布者在社交媒体平台上的行为的影响，实际上，除折叠评论之外，信息发布者在发布信息的同时，也在社交媒体平台上表现出了多种多样的信息行为特征。比如，有些信息发布者一天之内会发布多个消息，有些信息发布者一年也只发布一两条信息；有些信息发布者喜欢转发信息，一些信息发布者则倾向于发布原始信息；信息发布者的语言使用特征存在很大差异；信息发布者使用的头像、签名、回复评论的习惯也存在差异。信息发布者的发布行为具有极大的差异性，这些信息发布者在社交媒体平台上表现出来的行为都可被作为新的研究对象，丰富社交媒体平台信息发布者行为影响方面的研究。

### （三）区分不同投资者类型

正如前文中所提到的，本书的被试选择了国内非专业投资者，虽然这部分被试能够满足研究的需求，但是并不能代表专业投资者的投资判断与决策行为。后续的研究可以考虑不同投资者类型对评论折叠行为的反应，并研究是否存在投资者特征因素会对评论折叠行为和投资者的投资判断之间的因果关系产生调节。

### （四）考虑投资者和信息发布者的互动过程

本书选取了信息发布者和投资者沟通交流过程中的一个静态过程，即信息发布者折叠评论之后对投资者的投资判断的影响。在社交媒体平台互动过程中，信息披露所带来的一系列投资者和信息发布者之间的沟通交流过程是变动的，例如，投资者可能会再次删除评论，或对评论进行进一步解释说明、跟踪、要求反馈等，也可能会在看到信息发布者对其发表的评论进行折叠之后增加更多的评论，未来的研究可以在动态的情况下，考虑评论折叠行为的更多影响。

# 参考文献


[1] 蔡佩儿、沙振权，2016，《互联网视频贴片广告下的品牌说服效果》，《管理学报》第 10 期。

[2] 陈建安、黄敏、邓海生，2021，《认知反应理论视角下领导幽默触发下属积极情绪的跨层研究》，《管理学报》第 1 期。

[3] 陈伟、冷芳来，2023，《企业社交媒体参与对风险资本投资决策的影响——基于微博数据的实证研究》，《南方金融》第 4 期。

[4] 陈小运、陈娟、黄婉，2023，《社交媒体信息披露如何影响审计师选择？——基于公司新浪微博的经验证据》，《审计与经济研究》第 5 期。

[5] 陈张杭健、吴粤、李世炳、任飞，2021，《股吧个体信息交互对股价联动关系的影响研究》，《管理科学学报》第 5 期。

[6] 龚霄、张国良，2021，《网络传播对 IPO 抑价的影响——基于中国 A 股市场的实证研究》，《系统管理学报》第 3 期。

[7] 关静怡、朱恒、刘娥平，2020，《股吧评论、分析师跟踪与股价崩溃风险——关于模糊信息的信息含量分析》，《证券市场导报》第 3 期。

[8] 何贤杰、王孝钰、赵海龙、陈信元，2016，《上市公司网络新媒体信息披露研究：基于微博的实证分析》，《财经研究》第 3 期。
[9] 蒋洪平、于博，2024，《自媒体环境责任信息披露影响企业信贷可得性吗——基于微博数据的实证研究 》，《金融与经济》第 2 期。
[10] 李世刚，2020，《中小投资者群体负面情绪与审计师反应——基于中小投资者股吧意见的研究》，《当代财经》第 11 期。
[11] 鲁耀斌、周涛，2005，《B2C 环境下影响消费者网上初始信任因素的实证分析》，《南开管理评论》第 6 期。
[12] 苏凇、黄劲松，2013，《品牌延伸还是子品牌？——基于品牌态度、广告说服和购买意愿的比较》，《管理评论》第 2 期。
[13] 孙鲲鹏、王丹、肖星，2020，《互联网信息环境整治与社交媒体的公司治理作用》，《管理世界》第 7 期。
[14] 王丹、孙鲲鹏、高皓，2020，《社交媒体上"用嘴投票"对管理层自愿性业绩预告的影响》，《金融研究》第 11 期。
[15] 王晓巍、陈逢博，2014，《创业板上市公司股权结构与企业价值》，《管理科学》第 6 期。
[16] 王轶、孙鲲鹏，2021，《"明星"企业更守规则吗？——互联网关注对企业税收遵从的影响》，《经济问题探索》第 6 期。
[17] 卫旭华，2016，《薪酬水平和薪酬差距对企业运营结果影响

的元分析》，《心理科学进展》第 7 期。

[18] 温忠麟、叶宝娟，2014，《中介效应分析：方法和模型发展》，《心理科学进展》第 5 期。

[19] 吴芃、陈依旋、顾燚炀，2022，《企业社交媒体会计叙述的印象管理战略及其影响研究——来自微博的证据》，《会计研究》第 9 期。

[20] 徐巍、陈冬华，2016，《自媒体披露的信息作用——来自新浪微博的实证证据》，《金融研究》第 3 期。

[21] 云昕、辛玲、刘莹、乔晗，2015，《优酷土豆并购案例分析——基于事件分析法和会计指标分析法》，《管理评论》第 9 期。

[22] 张继勋，2008，《会计和审计中的实验研究方法》，南开大学出版社。

[23] 张继勋、韩冬梅，2015，《网络互动平台沟通中管理层回复的及时性、明确性与投资者投资决策——一项实验证据》，《管理评论》第 10 期。

[24] 张继勋、张广冬、杨小娟，2021，《社交媒体建议理由具体性、发帖人经验与投资者判断——一项实验研究》，《南开管理评论》第 1 期。

[25] 朱孟楠、梁裕珩、吴增明，2020，《互联网信息交互网络与股价崩盘风险：舆论监督还是非理性传染》，《中国工业经济》第 10 期。

[26] Akar, E., and Topçu, B., 2011. "An Examination of the Factors Influencing Consumers' Attitudes toward Social Media

Marketing," *Journal of Internet Commerce*, 10 (1): 35-67.

[27] Anderson, L. R., 1967. "Belief Defense Produced by Derogation of Message Source," *Journal of Experimental Social Psychology*, 3 (4): 349-360.

[28] Asay, H. S., and Hales, J., 2018. "Disclaiming the Future: Investigating the Impact of Cautionary Disclaimers on Investor Judgments before and after Experiencing Economic Loss," *Accounting Review*, 93 (4): 81-99.

[29] Asay, H. S., Elliott, W. B., and Rennekamp, K., 2017. "Disclosure Readability and the Sensitivity of Investors' Valuation Judgments to Outside Information," *Accounting Review*, 92 (4): 1-25.

[30] Asay, H. S., Libby, R., and Rennekamp K. M., 2018. "Do Features that Associate Managers with A Message Magnify Investors' Reactions to Narrative Disclosures?" *Accounting, Organizations and Society*, 68-69: 1-14.

[31] Baron, R. M., and Kenny, D. A., 1986. "The Moderator-Mediator Variable Distinction in Social Psychological Research: Conceptual, Strategic, and Statistical Considerations," *Journal of Personality and Social Psychology*, 51 (6): 1173-1182.

[32] Bartov, E., Faurel, L., and Mohanram, P. S., 2018. "Can Twitter Help Predict Firm-Level Earnings and Stock Returns?" *Accounting Review*, 93 (3): 25-57.

[33] Belhumeur, P. N., Hespanha, J. P., and Kriegman, D. J.,

1997. "Eigenfaces vs. Fisherfaces: Recognition Using Class Specific Linear Projection," *IEEE Transactions on Pattern Analysis and Machine Intelligence*, 19 (7): 711-720.

[34] Bennett, G. B., and Hatfield, R. C., 2018. "Staff Auditors' Proclivity for Computer-Mediated Communication with Clients and Its Effect on Skeptical Behavior," *Accounting, Organizations and Society*, 68-69: 42-57.

[35] Bhaskar, L. S., Hopkins, P. E., and Schroeder, J. H., 2019. "An Investigation of Auditors' Judgments When Companies Release Earnings before Audit Completion," *Journal of Accounting Research*, 57 (2): 36-66.

[36] Bitterly, T. B., and Schweitzer, M. E., 2020. "The Economic and Interpersonal Consequences of Deflecting Direct Questions," *Journal of Personality and Social Psychology*, 118 (5): 945-990.

[37] Blankespoor, E., Miller, G. S., White, H. D., 2014. "The Role of Dissemination in Market Liquidity: Evidence from Firms' Use of Twitter™," *The Accounting Review*, 89 (1): 79-112.

[38] Bond, C. F., and DePaulo, B. M., 2006. "Accuracy of Deception Judgments," *Personality and Social Psychology Review*, 10 (3): 214-234.

[39] Bozeman, B., 1986. "The Credibility of Policy Analysis: between Method and Use," *Policy Studies Journal*, 14 (4): 519-539.

[40] Brazel, J. F., Jackson, S. B., Schaefer, T. J., Stewart, B. W., 2016. "The Outcome Effect and Professional Skepticism," *The Accounting Review*, 91 (6): 1577-1599.

[41] Breckler, S. J., and Wiggins, E. C., 1991. "Cognitive Responses in Persuasion: Affective and Evaluative Determinants," *Journal of Experimental Social Psychology*, 27 (2): 180-200.

[42] Brown, L. D., Call, A. C., Clement, M. B., and Sharp, N. Y. 2019. "Managing the Narrative: Investor Relations Officers and Corporate Disclosure," *Journal of Accounting and Economics*, 67 (1): 58-79.

[43] Brown, N. C., Elliott, W. B., and Grant, S. M., 2018. "Non-GAAP Images, Press Release Prominence, and Investors' Reliance on Nongaap Earnings," Working Paper.

[44] Brown, P., and Levinson, S., 1987. *Politeness: Some Universals in Language Usage*. Cambridge: Cambridge University Press.

[45] Brown, T., Grant, S. M., and Winn, A. M., 2020. "The Effect of Mobile Device Use and Headline Focus on Investor Judgments," *Accounting, Organizations and Society*, 83 (3): 83-96.

[46] Brown, T. J., 2014. "Advantageous Comparison and Rationalization of Earnings Management," *Journal of Accounting Research*, 52 (4): 849-876.

[47] Buller, D., and Burgoon, J. K., 1996. "Interpersonal Deception Theory," *Communication Theory*, 6 (3): 203-242.

[48] Buller, D. B., and Aune, R. K., 1987. "Nonverbal Cues to Deception among Intimates, Friends, and Strangers," *Journal of Nonverbal Behavior*, 11 (4): 269-290.

[49] Buller, D. B., Burgoon, J. K., Buslig, A., Roiger, J., 1996. "Testing Interpersonal Deception Theory: The Language of Interpersonal Deception," *Communication Theory*, 6: 268-288.

[50] Burgoon, J. K., 1978. "A Communication Model of Personal Space Violations: Explication and Initial Test," *Human Communication Research*, 4: 129-142.

[51] Burgoon, J. K., 1993. "Interpersonal Expectations, Expectancy Violations, and Emotional Communication," *Journal of Language and Social Psychology*, 12: 30-48.

[52] Burgoon, J. K., and Buller, D. B., 1996. "Reflections on the Nature of Theory Building and the Theoretical Status of Interpersonal Deception Theory," *Communication Theory*, 6 (3): 311-328.

[53] Burgoon, J. K., Blair, J. P., Qin, T., Nunamaker, J. F., 2003. "Detecting Deception through Linguistic Analysis," *Lecture Notes in Computer Science*, 4 (1): 91-101.

[54] Burgoon, J. K., Buller, D. B., Ebesu, A. S., Rockwell, P., 2009. "Interpersonal Deception: Accuracy in Deception Detection," *Communication Monographs*, 61: 303-325.

[55] Burgoon, J. K., Lepoire, B., and Rosenthal, R., 1995.

"Effects of Preinteraction Expectancies and Target Communication on Perceiver Reciprocity and Compensation in Dyadic Interaction," *Journal of Experimental Social Psychology*, 31: 287-321.

[56] Cade, N. L., 2018. "Corporate Social Media: How Two-Way Disclosure Channels Influence Investors," *Accounting, Organizations and Society*, 68-69 (5): 63-79.

[57] Caspi, A., and Gorsky, P., 2006. "Online Deception: Prevalence, Motivation, and Emotion," *Cyberpsychology & Behavior*, 9 (1): 54-59.

[58] Chen, H., et al., 2014. "Wisdom of Crowds: The Value of Stock Opinions Transmitted through Social Media," *Review of Accounting Studies*, 27 (5): 1367-1403.

[59] Chen, Z., and Loftus, S., 2019. "Multi-Method Evidence on Investors' Reactions to Managers' Self-Inclusive Language," *Accounting, Organizations and Society*, 79: 1-19.

[60] Cikurel, D., Fanning, K., and Jackson, K. E., 2021. "Investors' Responses to Management Getting Out Ahead of Negative Media Stories: The Moderating Effect of Management's Action Plan and the Media's Focus," *Journal of Financial Reporting*, 6 (2): 45-61.

[61] Clor-Proell, S. M, 2009. "The Effects of Expected and Actual Accounting Choices on Judgments and Decisions," *The Accounting Review*, 84 (5): 1465-1493.

[62] Clor-Proell, S. M., Guggenmos, R. D., and Rennekamp,

K. , 2020. "Mobile Devices and Investment News Apps: The Effects of Information Release, Push Notification, and the Fear of Missing Out," *Accounting Review*, 5: 95-116.

[63] Cole, T. , 2001. "Lying to the one You Love: The Use of Deception in Romantic Relationships," *Journal of Social and Personal Relationships*, 18: 107-129.

[64] Cook,T. , 1969. "Competence, Counterarguing, and Attitude Change," *Journal of Personality*, 37: 342-358.

[65] Coursey, D. , and Bretschneider, S. , 1991. "The Effect of Credibility Logic on Decision Making: An Experimental Study," *Academy of Management Proceedings*, 5 (2): 298-303.

[66] Coursey, D. H. , 1992. "Information Credibility and Choosing Policy Alternatives: An Experimental Test of Cognitive - Response Theory," *Journal of Public Administration Research and Theory*, 2 (3): 315-331.

[67] Darwin, C. , 1877. "A Biographical Sketch of An Infant," *Mind*, 2: 285-294.

[68] Davis, A. K. , Piger, J. M. , Sedor, L. M. , 2012. "Beyond The Numbers: Measuring the Information Content of Earnings Press Release Language," *Contemporary Accounting Research*, 29 (3): 845-868.

[69] Drake, M. S. , Thornock, J. R. , and Twedt, B. J. , 2017. "The Internet as An Information Intermediary," *Review of Accounting Studies*, 22 (2): 543-576.

[70] Durney, M. T., 2019. *The Effect of Audience Size on Managers' Private Disclosures*. Cornell University.

[71] Eilifsen, A., Hamilton, E. L., and Messier, J. W. F., 2021. "The Importance of Quantifying Uncertainty: Examining the Effects of Quantitative Sensitivity Analysis and Audit Materiality Disclosures on Investors' Judgments and Decisions," *Accounting, Organizations and Society*, 90: 1-41.

[72] Ekman, P., and Friesen, W. V., 1969. "Nonverbal Leakage and Clues to Deception," *Psychiatry*, 32: 88-105.

[73] Elliott, W. B., Grant, S. M., and Hodge, F. D., 2018. "Negative News and Investor Trust: The Role of $ Firm and# CEO Twitter Use," *Journal of Accounting Research*, 56 (5): 1483-1519.

[74] Elliott, W. B., Grant, S. M., and Rennekamp, K. M., 2017. "How Disclosure Features of Corporate Social Responsibility Reports Interact with Investor Numeracy to Influence Investor Judgments," *Contemporary Accounting Research*, 34 (3): 1596-1621.

[75] Elliott, W. B., Hodge, F. D., Kennedy. J. J., Pronk, M., 2007. "Are MBA Students A Good Proxy for Nonprofessional Investors?" *The Accounting Review*, 82 (1): 139-168.

[76] Elliott, W. B., 2006. "Are Investors Influenced by Pro Forma Emphasis and Reconciliations in Earnings Announcements?" *The Accounting Review*, 81 (1): 113-133.

[77] Elliott, W. B. , Rennekamp, K. , White, B. , 2015. "Does Concrete Language in Disclosures Increase Willingness to Invest?" *Review of Accounting Studies*, 20 (2): 839–865.

[78] Elliott, B. W. , Fanning, K. , and Peecher, M. E. , 2020. "Do Investors Value Higher Financial Reporting Quality, and Can Expanded Audit Reports Unlock this Value? " *Accounting Review*, 95 (2): 141–165.

[79] Elliott, W. B. , Hobson, J. L. , and Grant, S. M. , 2020. "Trader Participation in Disclosure: Implications of Interactions with Management," *Contemporary Accounting Research*, 37 (1): 68–100.

[80] Elliott, W. B. , Hodge, F. D. , and Sedor, L. M. , 2012. "Using Online Video to Announce A Restatement: Influences on Investment Decisions and the Mediating Role of Trust," *The Accounting Review*, 87: 513–535.

[81] Emett, S. A. , 2019. "Investor Reaction to Disclosure of Past Performance and Future Plans," *Accounting Review*, 94 (5): 165–188.

[82] Emmanuel, C. R. , Garrod, N. W. , and Frost, C. , 1989. "An Experimental Test of Analysts' Forecasting Behaviour," *The British Accounting Review*, 21 (2): 119–192.

[83] Fanning, K. , Agoglia, C. P. , and Piercey, M. D. , 2015. "Unintended Consequences of Lowering Disclosure Thresholds," *The Accounting Review*, 90 (1): 301–320.

[84] Festinger, L., and Nathan, M., 1964. "On Resistance to Persuasive Communication," *Journal of Abnormal and Social Psychology*, 68 (11): 359-366.

[85] Fishbein, M., and Schwartz, S., 1984. "Attributional Reversal: Kelley's Cube, Consistency, and Repeated Measures," *Psychological Reports*, 55 (2): 495-498.

[86] Fraser, B., 1990. "Perspectives on Politeness," *Journal of Pragmatics*, 14 (2): 219-236.

[87] Fraser, B., and William, N., 1981. "The Association of Deference with Linguistic Form," *International Journal of the Sociology of Language*, 27: 93-109.

[88] George, J. F., and Carlson, J. R., 2010. "Lying at Work: A Deceiver's View of Media Characteristics," *Communications of the Association for Information Systems*, 27: 819-830.

[89] George, J. F., Tilley, P., and Giordano, G., 2014. "Sender Credibility and Deception Detection," *Computers in Human Behavior*, 35: 1-11.

[90] Grace, J. B., Michael, A., Han, O., Samuel, M. S., 2010. "On the Specification of Structural Equation Models for Ecological Systems," *Ecological Monographs*, 80 (1): 67-87.

[91] Grant, S. M., Hodge, F. D., and Sinha, R. K., 2018. "How Disclosure Medium Affects Investor Reactions to CEO Bragging, Modesty, and Humblebragging," *Accounting, Organizations and Society*, 68-69 (5): 118-134.

[92] Greenwald, A. G., 1968. *Cognitive Learning, Cognitive Response to Persuasion, and Attitude Change*. New York: Academic Press.

[93] Greenwald, A. G., and Leavitt, C., 1984. "Audience Involvement in Advertising: Four Levels," *Journal of Consumer Research*, 11 (1): 581-592.

[94] Guiral, A., Moon, D., Tan, H, T., Yu, Y., 2020. "What Drives Investor Response to CSR Performance Reports?" *Contemporary Accounting Research*, 37 (1): 101-130.

[95] Hales, J., 2007. "Directional Preferences, Information Processing, and Investors' Forecasts of Earnings," *Journal of Accounting Research*, 45 (3): 607-628.

[96] Hales, J., Kuang, X. I., Venkataraman, S., 2011. "Who Believes the Hype? An Experimental Examination of How Language Affects Investor Judgments" *Journal of Accounting Research*, 49 (1): 223-255.

[97] Han, J., and Tan, H., 2010. "Investors' Reactions to Management Earnings Guidance: The Joint Effect of Investment Position, News Valence, and Guidance Form," *Journal of Accounting Research*, 48 (1): 81-104.

[98] Hancock, J. T., 2007. "Digital Deception," *Oxford Handbook of Internet Psychology*, 1: 289-301.

[99] Harmon, R. R., and Coney, K. A., 1982. "The Persuasive Effects of Source Credibility in Buy and Lease Situations," *Journal of Marketing Research*, 19 (2): 255-260.

[100] Hartshorne, H., and May, M. A., 1928. *Studies in the Nature of Character: Studies in Deceit*. New York: Macmillan.

[101] Hartwig. M., and Bond, J. R., 2011. "Why Do Lie – Cathcers Fail? A Lens Model Meta – Analysis of Human Lie Judgments," *Psychological Bulletion*, 137 (4): 643-659.

[102] Hayes, A. F., 2009. "Beyond Baron and Kenny: Statistical Mediation Analysis in the New Millenium," *Communication Monographs*, 76: 408-420.

[103] Hayes, J. L., and King, K. W., 2014. "The Social Exchange of Viral Ads: Referral and Coreferral of Ads among College Students," *Journal of Interactive Advertising*, 14 (2): 98-109.

[104] Heider, F., 1958. *The Psychology of interpersonal Relations*. New York: Wiley.

[105] Henry, E., 2008. "Are Investors Influenced by How Earnings Press Releases Are Written?" *Journal of Business Communication*, 45 (4): 363-407.

[106] Hobson, J. L., Mayew, W. J., Peecher, M., Venkatachalam, M., 2017. "Improving Experienced Auditors' Detection of Deception in CEO Narratives," *Journal of Accounting Research*, 55 (5): 1137-1166.

[107] Hodge, F. D., 2001. "Hyperlinking Unaudited Information to Audited Financial Statements: Effects on Investor Judgments," *The Accounting Review*, 76 (4): 675-691.

[108] Hotelling, H., 1933. "Analysis of A Complex of Statistical Variables into Principal Components," *Journal of Educational Psychology*, 24 (6): 417-441.

[109] Hu, L., Bentler, P. M., 1999. "Cutoff Criteria for Fit Indexes in Covariance Structure Analysis: Conventional Criteria versus New Alternatives Modeling," *Structural Equation A Multidisciplinary Journal*, 6 (1): 1-55.

[110] Huskinson, T. L., and Haddock, G., 2006. "Individual Differences in Attitude Structure and Accessibility of the Affective and Cognitive Components of Attitude," *Social Cognition*, 24 (4): 453-468.

[111] Iacobucci, D., 2009. "Everything You Always Wanted to Know about SEM (Structural Equations Modeling) But Were Afraid to Ask," *Journal of Consumer Psychology*, 19 (4): 673-680.

[112] Iacobucci, D., 2010. "Structural Equations Modeling: Fit Indices, Sample Size, and Advanced Topics," *Journal of Consumer Psychology*, 20 (1): 90-98.

[113] Iacobucci, D., and Saldanha, D. X., 2007. "A Meditation on Mediation: Evidence that Structural Equations Models Perform Better Than Regressions," *Journal of Consumer Psychology*, 17 (2): 139-153.

[114] Jame, R., Johnston, R., Markov, S., Wolfe, M. C., 2016. "The Value of Crowdsourced Earnings Forecasts,"

*Journal of Accounting Research*, 54 (4): 1077-1110.

[115] James, L. R., and Brett, J. M., 1984. "Mediators, Moderators, and Tests for Mediation," *Journal of Applied Psychology*, 69: 307-321.

[116] Jensen, L. A., Amett, J. J., Feldman, S. S., Cauffman E., 2004. "The Right to Do Wrong: Lying to Parents among Adolescents and Emerging Adults," *Journal of Youth and Adolescence*, 33: 101-112.

[117] Johnson, J. A., Theis, J., Vitalis, A., Young, D., 2020. "The Influence of Firms' Emissions Management Strategy Disclosures on Investors' Valuation Judgments," *Contemporary Accounting Research*, 37 (2): 642-664.

[118] Jones, E. E., and Pittman, T. S., 1982. "Toward A General Theory of Strategic Self-Presentation," *Psychological Perspectives on The Self*, 1: 231-262.

[119] Joseph, Y. T., and David, P. B., 2020. "An Empirical Evaluation of interpersonal Deception Theory in A Real-World, High-Stakes Environment," *Journal of Criminal Psychology*, 10 (3): 185-199.

[120] Judd, C. M., and Kenny, D. A., 1981. "Process Analysis: Estimating Mediation in Treatment Evaluations," *Evaluation Review*, 5: 602-619.

[121] Jung, M. J., Naughton, J. P., Tahoun, A., Wang, C., 2018. "Do Firms Strategically Disseminate? Evidence from

Corporate Use of Social Media," *Accounting Review*, 93 (4): 225-252.

[122] Jöreskog,K. G., 1967. "A General Approach To Confirmatory Maximum Likelihood Factor Analysis," *Psychometrika*, 34 (2), 183-202.

[123] Kadous,K., Leiby, J., and Peecher, M. E., 2013. "How do Auditors Weight Informal Contrary Advice? The Joint Influence of Advisor Social Bond and Advice Justifiability," *The Accounting Review*, 88 (6): 2061-2087.

[124] Kaiser, H. F., 1974. "An Index of Factorial Simplicity," *Psychometrika*, 39 (1): 31-36.

[125] Kantowitz, B. H., Roediger, Ⅲ., Elmes, D. G., 2010, 《实验心理学》, 机械工业出版社。

[126] Kelley,H. H., 1967. *Attribution Theory in Social Psychology.*

[127] Kelley, H. H., 1973. "The Process of Causal Attribution," *American Psychologist*, 28: 107-128.

[128] Kelley, H. H., and Michela, J. L., 1980. "Attribution Theory and Research," *Annual Review of Psychology*, 31 (1): 457-501.

[129] Kelman, H. C., 1953. "Attitude Change as A Function of Response Restriction," *Human Relations*, 6 (7): 185-214.

[130] Kerlinger,F. N., 1973. *Foundations of Behavioral Research.* New York: Holt, Rinehart and Winston.

[131] Kim, S. H., Kim, D., 2014. "Investor Sentiment from

Internet Message Postings and the Predictability of Stock Returns," *Journal of Economic Behavior & Organization*, 107 (2): 708-729.

[132] Kimble, C. E., Arnold, E. M., and Hirt, E. R., 1985. "An Attributional Perspective on Interpersonal Attraction Using Kelley's Cube," *Basic & Applied Social Psychology*, 6 (2): 131-144.

[133] Kline, R. B., 2011. *Convergence of Structural Equation Modeling and Multilevel Modeling*. Sage Publications Ltd.

[134] Knauer, T., KÜPper, H. U., Schreck, P., Sommer, F., Wöhrmann, A., 2021. "Experimental Research in Management Accounting," *Journal of Business Economics*, 91 (1): 1-3.

[135] Kochman, T., 1984. *The Politics of Politeness: Social Warrants in Mainstream American Public Etiquette*. Georgetown University Round Table on Languages and Linguistics.

[136] Koonce, L., Lipe, M. G., 2010. "Earnings Trend and Performance Relative to Benchmarks: How Consistency Influences Their Joint Use," *Journal of Accounting Research*, 48 (4), 859-884.

[137] Koonce, L., Leitter, Z., and White, B. J., 2019. "Linked Balance Sheet Presentation," *Journal of Accounting and Economics*, 68 (1): 1-42.

[138] Kramer, M. A., 1991. "Nonlinear Principal Component Analysis Using Auto-Associative Neural Networks," *Aiche*

*Journal*, 37 (2): 233-243.

[139] Kuselias, S., Lauck, J. R., and Williams, S., 2021. "Social Media Content and Social Comparisons: An Experimental Examination of Their Effect on Audit Quality," *Auditing: A Journal of Practice & Theory*, 40 (1): 55-72.

[140] Lakoff, R., 1973. "The Logic of Politeness, Or Minding Your P's and Q's," *Chicago Linguistics Society*, 9 (1): 292-305.

[141] Landsbergen, D., Bozeman, B., 1987. "Credibility Logic and Policy Analysis," *Knowledge*, 8 (4): 625-648.

[142] Lavoie, J., Leduc, K., Arruda, C., Crossman, A., Talwar, V., 2017. "Development Profiles of Children's Spontaneous Lie-Telling Behavior," *Cognitive Development*, 41: 33-45.

[143] Lawrence, J. M., Crecelius, A. T., Scheer, L. K., Lam, S. K., 2019. "When It Pays to Have A Friend on The Inside: Contingent Effects of Buyer Advocacy on B2B Suppliers," *Journal of The Academy of Marketing Science*, 47 (5): 837-857.

[144] Lee, L. F., Hutton, A. P., Shu, S., 2015. "The Role of Social Media in the Capital Market: Evidence from Consumer Product Recalls," *Journal of Accounting Research*, 53: 367-404.

[145] Lee, B. Y., Kim, T., Gong, Y., Zheng, X., Liu, X., 2020. "Employee Well-Being Attribution and Job Change Intentions: The Moderating Effect of Task Idiosyncratic Deals,"

*Human Resource Management*, 59 (4): 327-338.

[146] Lee, K., 2013. "Little Liars: Development of Verbal Deception in Children," *Child Development Perspectives*, 7 (2): 91-96.

[147] Leech, G. N., 1983. *Principles of Pragmatics*. London: Longman Linguistics Library.

[148] Li, L., Lee, K. Y., Lee, M., Yang, S. B., 2020. "Unveiling the Cloak of Deviance: Linguistic Cues for Psychological Processes in Fake online Reviews," *International Journal of Hospitality Management*, 87: 1-13.

[149] Libby, R., Bloomfield, R., and Nelson, M., 2002. "Experimental Research in Financial Accounting," *Accounting, Organizations and Society*, 27: 775-810.

[150] Liew, J., Guo, S., Zhang, T., 2017. "Tweet Sentiments and Crowd-Sourced Earnings Estimates as Valuable Sources of Information around Earnings Releases," *The Journal of Alternative investments*, 19 (3): 7-26.

[151] Lina, Z., Dong, S. Z., and Sung, Y. W., 2013. "The Effects of Group Factors on Deception Detection Performance," *Small Group Research*, 44 (3): 272-297.

[152] Loftus, S., and Tanlu, L. J., 2018. "Because of 'Because': Examining the Use of Causal Language in Relative Performance Feedback," *Accounting Review*, 93 (2): 277-299.

[153] Love, R. E., and Greenwald, A. G., 1978. "Cognitive Responses to Persuasion as Mediators of Opinion Change,"

*Journal of Social Psychology*, 104 (2): 231-241.

[154] MacKinnon, D. P., Fairchild, A. J., Fritz, M. S., 2007. "Mediation Analysis," *Annual Review of Psychology*, 58: 593-614.

[155] Maines, L. A., McDaniel, L. S., 2000. "Effects of Comprehensive-Income Characteristics on Nonprofessional Investors' Judgments: The Role of Financial – Statement Presentation Format," *The Accounting Review*, 75 (2): 179-207.

[156] Marsh, H. W., Hau, K. T., and Wen, Z., 2004. "In Search of Golden Rules: Comment on Hypothesis – Testing Approaches to Setting Cutoff Values for Fit Indexes and Dangers in Overgeneralizing Hu and Bentler's (1999) Findings," *Structural Equation Modeling*, 11 (3): 320-341.

[157] Martin, J. R., and White, P. R. R., 2008. *The Language of Evaluation: Appraisal in English*. Beijing: Foreign Language Teaching and Research Press.

[158] Martinko, J., and Thomson, N. F., 1998. "A Synthesis and Extension of the Weiner and Kelley Attribution Models," *Basic and Applied Social Psychology*, 20 (4): 271-284.

[159] Mazar, N., and Ariely, D., 2015. "Dishonesty in Scientific Research," *The Journal of Clinical Investigation*, 125 (11): 3993-3996.

[160] McGuire, W. J., 1964. *Inducing Resistance to Persuasion: Some Contemporary Approaches*. New York: Academic Press.

[161] McQuail, D., 2006. *Mass Communication*. Sage Publications.

[162] Miller, G. S., and Skinner, D. J., 2015. "The Evolving Disclosure Landscape: How Changes in Technology, the Media, and Capital Markets Are Affecting Disclosure," *Journal of Accounting Research*, 53 (2): 221-239.

[163] Mills, S., 2009. "Impoliteness in A Cultural Context," *Journal of Pragmatics*, 41 (5): 1047-1060.

[164] Muller, D. C., Judd, M., and Yzerbyt, V. Y., 2005. "When Moderation Is Mediated and Mediation Is Moderated," *Journal of Personality and Social Psychology*, 89 (6): 852-863.

[165] Nofer, M., Hinz, O., 2015. "Using Twitter to Predict the Stock Market: Where Is the Mood Effect?" *Business & Information Systems Engineering*, 57 (4): 229-242.

[166] Oeldorf, H. A., and Sundar, S. S., 2012. "Posting, Commenting, and Tagging: Effects of Sharing News Stories on Facebook," *Computers in Human Behavior*, 44: 240-249.

[167] Olson, J. C., Toy, D. R., and Dover, P. A., 1982. "Do Cognitive Responses Mediate the Effects of Advertising Content on Cognitive Structure?" *Journal of Consumer Research*, 9 (3), 245-262.

[168] Ostrom, T. M., 1969. "The Relationship between the Affective, Behavioral, and Cognitive Components of Attitude," *Journal of Experimental Social Psychology*, 5 (1): 12-30.

[169] Pearson, K., 1901. "On Lines and Planes of Closest Fit to Systems of Point in Space," *Philosophical Magazine*, 2 (11): 559-572.

[170] Piaget, J., 1932. *The Moral Judgment of The Child*. London: Free Press.

[171] Pyzoha, J. S., 2015. "Why do Restatements Decrease in A Clawback Environment? An Investigation into Financial Reporting Executives' Decision-Making during the Restatement Process," *The Accounting Review*, 90 (6): 2515-2536.

[172] Rapley, E. T., Robertson, J. C., and Smith, J. L., 2021. "The Effects of Disclosing Critical Audit Matters and Auditor Tenure on Nonprofessional Investors' Judgments," *Journal of Accounting and Public Policy*, 40 (5): 1-21.

[173] Rennekamp, K., 2012. "Processing Fluency and Investors' Reactions to Disclosure Readability," *Journal of Accounting Research*, 50 (5): 1319-1354.

[174] Rennekamp, K., and Witz, P. D., 2021. "Linguistic Formality and Audience Engagement: Investors' Reactions to Characteristics of Social Media Disclosures," *Contemporary Accounting Research*, 38 (3): 1748-1778.

[175] Rogers, J. L., Van, B. A., Zechman, S. L., 2011. "Disclosure tone and Shareholder Litigation," *The Accounting Review*, 86 (6): 2155-2183.

[176] Rucker, D. D., Preacher, K. J., Tormala, Z. L., Petty,

R. E., 2011. "Mediation Analysis in Social Psychology: Current Practices and New Recommendations," *Social and Personality Psychology Compass*, 5 (6): 359-371.

[177] Sai, L., Wu, H., Hu, X., Fu, G., 2018. "Telling A Truth to Deceive: Examining Executive Control and Reward-Related Processes Underlying Interpersonal Deception," *Brain & Cognition*, 125: 149-156.

[178] Schmierbach, M., Oeldorf, H. A., 2012. "A Little Bird Told Me, so I didn't Believe It: Twitter, Credibility, and Issue Perceptions," *Communication Quarterly*, 60 (3): 317-337.

[179] Schoemann, A. M., Boulton, A. J., Short S. D., 2017. "Determining Power and Sample Size for Simple and Complex Mediation Models," *Social Psychological and Personality Science*, 8 (4): 379-386.

[180] Securitiesand Exchange Commission (SEC), 2013. *SEC Says Social Media OK for Company Announcements if Investors Are Alerted.* Http: //Www. Sec. Gov/News/Pressrelease/Detail/Pressrelease/1365171513574#. U2uswl60zg1.

[181] Sekerci, N., Jaballah, J., Van, E. M., Kammerlander, N., 2022. "Investors' Reactions to CSR News in Family Versus Nonfamily Firms: A Study on Signal (in) Credibility," *Entrepreneurship: Theory & Practice*, 46 (1): 82-116.

[182] Sezer, O., Gino, F., and Norton, M. I., 2018. "Humblebragging: A Distinct and Ineffective Self Presentation

Strategy," *Journal of Personality and Social Psychology*, 114 (1): 52-74.

[183] Shareef, VM. A., Mukerji, B., Dwivedi, Y. K., Rana, N. P., Islam, R., 2019. "Social Media Marketing: Comparative Effect of Advertisement Sources," *Journal of Retailing and Consumer Services*, 46: 58-69.

[184] Sharma, A., 1990. "The Persuasive Effect of Salesperson Credibility: Conceptual and Empirical Examination," *Journal of Personal Selling & Sales Management*, 10 (4): 71-80.

[185] Shrout, P. E., and Bolger, N., 2002. "Mediation in Experimental and Nonexperimental Studies: New Procedures and Recommendations," *Psychological Methods*, 7: 422-445.

[186] Smith, R. E., and Swinyard, W. R., 1988. "Cognitive Response to Advertising and Trial: Belief Strength, Belief Confidence and Product Curiosity," *Journal of Advertising*, 17 (3): 3-14.

[187] Spencer, S. J., Zanna, M. P., and Fong, G. T., 2005. "Establishing A Causal Chain: Why Experiments Are often More Effective than Mediational Analyses in Examining Psychological Processes," *Journal of Personality and Social Psychology*, 89: 845-851.

[188] Sprenger, T. O., Tumasjan, A., Sandner, P. G., Welpe, I. M., 2014. "Tweets and Trades: The Information Content of Stock Microblogs," *European Financial Management*, 20

(5): 926-957.

[189] Steeger, C. M., and Gondoli, D. M., 2013. "Mother - Adolescent Conflict as A Mediator between Adolescent Problem Behaviors and Maternal Psychological Control," *Developmental Psychology*, 49 (4): 804-814.

[190] Susan, D. B., 2005. "Five Approaches to Explaining 'Truth' and 'Deception' in Human Communication," *Journal of Anthropological Research*, 61 (3): 289-315.

[191] Tan, H. T., Wang, E. Y., Zhou, B., 2014. "When the Use of Positive Language Backfires: The Joint Effect of tone, Readability, and Investor Sophistication on Earnings Judgments," *Journal of Accounting Research*, 52 (1): 273-302.

[192] Tan, H. T., Wang, E. T., and Zhou, B., 2015. "How does Readability Influence Investors' Judgments? Consistency of Benchmark Performance Matters," *The Accounting Review*, 90 (1): 371-393.

[193] Tan, H. T., Wang, E. Y, and Zhou, B., 2014. "How Does Readability Influence Investors' Judgments? Consistency of Benchmark Performance Matters," *The Accounting Review*, 90 (1): 371-393.

[194] Tan, H. T., Wang, E. Y., and Yoo, G. S., 2019. "Who Likes Jargon? The Joint Effect of Jargon Type and Industry Knowledge on Investors' Judgments," *Journal of Accounting and Economics*, 67 (2-3): 416-437.

[195] Tan, H. T., Yu, Y., 2018. "Management's Responsibility Acceptance, Locus of Breach, and Investors' Reactions to Internal Control Reports," *The Accounting Review*, 93 (6): 331–355.

[196] Tang, M., and Venkataraman, S., 2018. "How Patterns of Past Guidance Provision Affect Investor Judgments: The Joint Effect of Guidance Frequency and Guidance Pattern Consistency," *The Accounting Review*, 93 (3): 327–348.

[197] Tannenbaum, P. H., Macaulay, J. R., and Norris, E. L., 1966. "Principle of Congruity and Reducation of Persuasion," *Journal of Personality and Social Psychology*, 3 (2): 233–238.

[198] Taylor-Carter, M. A., Doverspike, D., and Alexander, R., 1995. "Message Effects on the Perceptions of the Fairness of Gender-Based Affirmative Action: A Cognitive Response Theory-Based Analysis," *Social Justice Research*, 8 (3): 285–303.

[199] Thalhofer, N. N., and Kirscht, J. P., 1968. "Source Derogation and Persuasion on Controverted Issues," *Psychological Reports*, 23 (3): 1179–1184.

[200] Tillman, W. S., and Carver, C. S., 1980. "Actors' and Observers' Attributions for Success and Failure: A Comparative Test of Predictions From Kelley's Cube, Self-Serving Bias, and Positivity Bias formulations," *Journal of Experimental*

*Social Psychology*, 16 (1): 18-32.

[201] Triki, A., 2019. "Examining the Effect of Deception Detection Decision Aids on Investors' Perceptions of Disclosure Credibility and Willingness to Invest," *International Journal of Accounting Information Systems*, 33: 1-15.

[202] Trotman, K. T., 1996. *Research Methods for Judgment and Decision Making Studies in Auditing*. Melbourne, Australia, Coopers and Lybrand.

[203] Tumarkin, R., Whitelaw, R. F., 2001. "News or Noise? Internet Postings and Stock Prices," *Financial Analysts Journal*, 57 (3): 41-51.

[204] Vrij, A., Hartwig, M., Granhag, P. A., 2019. "Reading Lies: Nonverbal Communication and Deception," *Annual Review of Psychology*, 70: 295-317.

[205] Vrij, A., 2019. "Deception and Truth Detection When Analyzing Nonverbal and Verbal Cues," *Applied Cognitive Psychology*, 33 (2): 160-167.

[206] Vrij, A., Akehurst, L., Soukara, S., Bull, R., 2004. "Detecting Deceit via Analyses of Verbal and Nonverbal Behavior in Children and Adults," *Human Communication Research*, 30 (1): 8-41.

[207] Vrij, A., Granhag, P. A., and Porter, S., 2010. "Pitfalls and Opportunities in Nonverbal and Verbal Lie Detection," *Psychological Science in the Public Interest*, 11 (3): 89-121.

[208] Wamsiedel, M., 2020. "Credibility Work and Moral Evaluation at the ED," *Social Science & Medicine*, 248: 112845.

[209] Weary, G., Rich, M. C., Harvey, J. H., Ickes, W. J., 1980. "Heider's Formulation of Social Perception and Attributional Processes," *Personality and Social Psychology Bulletin*, 6 (1): 37-43.

[210] Weiner, B., 2008. "Reflections on the History of Attribution Theory and Research: People, Personalities, Publications, Problems," *Social Psychology*, 39: 151-156.

[211] Wise, M., and Rodriguez, D., 2013. "Detecting Deceptive Communication through Computer - Mediated Technology: Applying Interpersonal Deception Theory to Texting Behavior," *Communication Research Reports*, 30 (4): 342-346.

[212] Woodworth, R. S., 1928. *Dynamic Psychology*. MA: Clark University Press.

[213] Wright, P. L., 1973. "The Cognitive Processes Mediating Acceptance of Advertising," *Journal of Marketing Research*, 10 (1): 53-62.

[214] Zajonc, R. B., and Markus, H., 1982. "Affective and Cognitive Factors in Preferences," *Journal of Consumer Research*, 9 (2): 123-131.

[215] Zhao, X., Lynch, J. G., and Chen, Q., 2010. "Reconsidering Baron and Kenny: Myths and Truths about Mediation Analysis," *Journal of Consumer Research*, 37 (2):

197–206.

[216] Zhou, L., 2005. "An Empirical Investigation of Deception Behavior in Instant Messaging," *IEEE Transactions on Professional Communication*, 48 (2): 147–160.

[217] Zhou, L., Burgoon, J. K., Nunamaker, J. F., Twitchel, D., 2004. "Automating Linguistics–Based Cues for Detecting Deception in Text–Based Asynchronous Computer–Mediated Communications," *Group Decision and Negotiation*, 13 (1): 81–106.

[218] Zhou, L., Wu, J., and Zhang, D., 2014. "Discourse Cues to Deception in the Case of Multiple Receivers," *Information & Management*, 51 (6): 726–737.

[219] Zuckerman, M., Depaulo, B. M., and Rosenthal, R., 1981. "Verbal and Nonverbal Communication of Deception," *Advances in Experimental Social Psychology*, 14: 1–59.

**图书在版编目(CIP)数据**

个体投资者判断与决策：基于社交媒体环境的视角 / 杨小娟，季培楠著. -- 北京：社会科学文献出版社，2024.7. -- ISBN 978-7-5228-3943-1

Ⅰ. F832.48

中国国家版本馆 CIP 数据核字第 20245N27H7 号

**个体投资者判断与决策：基于社交媒体环境的视角**

著　　者 / 杨小娟　季培楠

出 版 人 / 冀祥德
组稿编辑 / 高　雁
责任编辑 / 贾立平
责任印制 / 王京美

出　　版 / 社会科学文献出版社（010）59367226
　　　　　地址：北京市北三环中路甲 29 号院华龙大厦　邮编：100029
　　　　　网址：www.ssap.com.cn
发　　行 / 社会科学文献出版社（010）59367028
印　　装 / 三河市龙林印务有限公司

规　　格 / 开　本：787mm×1092mm　1/16
　　　　　印　张：12.5　字　数：137 千字
版　　次 / 2024 年 7 月第 1 版　2024 年 7 月第 1 次印刷
书　　号 / ISBN 978-7-5228-3943-1
定　　价 / 128.00 元

读者服务电话：4008918866